불안,
키에르케고어의 실험적 심리학

불안,

키에르케고어의 실험적 심리학

안 상 혁 지음

성균관대학교
출판부

contents

서문

본 연구는 키에르케고어(Søren Kierkegaard, 1813~1855)[1]의 저작을 관통하는 불안과 자유의 상관관계를 해석하여 인간의 원천성에 대해 세밀히 고찰하고, 현대사회에서 주목하는 정신분석학 또는 심층심리학의 사상적 연원으로써 불안의 개념을 탐색한다. 키에르케고어가 불안을 통해 설명하려고 했던 인간의 내면적 본질에 대한 탐구는 현대 정신분석학과 심리학의 관심사인 개인의 우울이나 불안과 같은 현대적인 문제를 선취한 것이기 때문이다.

키에르케고어는 이전의 철학자들이 삶의 단편적 양상으로 바라보았던 불안을 인간의 본성과 관련하여 탐구해야 할 중요한 가치로 부여하고 이를 철학에 도입했다. 그런데 현대 문화에서 불안은 일반 대중의 상상력을 사로잡는 중요한 개념이 되고 있다. 인간 정신이 완전히 파악하지 못한 불투명한 내면의 지점과 관계하는 불안은 현대인들

---

1 본 연구는 한국키에르케고어학회의 권고에 따라, 기존에 키에르케고르라고 표기하던 이름을 덴마크 발음에 가장 가까운 키에르케고어로 표기한다.

에게 이질화의 경험을 이끌며 인간의 삶에 대한 새로운 사유를 도출해 주고 있는 것이다.

"나는 생각하지 않는 곳에서 존재하고 존재하지 않는 곳에서 생각한다."[2]는 정신분석학자 라캉(Jacques Lacan)의 말처럼 인간 내면성은 결코 인간의 형이상학적 사유로 도달할 수 없는 상태이다. 그렇기 때문에 결코 재현될 수 없는 표상 불가능성을 지닌 인간의 내면을 현대 문화에서는 비현실적 표현을 통해 포착하려 한다. 대표적인 사례는 현대의 대중문화 전반에 커다란 영향력을 끼친 탁월한 작가인 에드거 앨런 포(Edgar Allan Poe)의 소설을 토대로 제작된 영화들이다. 인간 내면을 침묵 속의 공포상태로 해석한 포는 "인간 감성 안에 존재하는 깊은 긴장감을 물질계로 표출시키는데 탁월하다."[3] 포의 〈어셔가의 몰락〉을 단편 애니메이션으로 제작했을 정도로 포의 소설을 애독한 체코의 초현실주의 작가 얀 슈반크마이어(Jan Svankmajer) 감독은 15분짜리 단편영화 〈Down to the Cellar〉(1983)에서 인간 내면 속의 불안과 공포 심리를 잘 형상화했다. 이 단편영화는 포의 특정 소설을 각색했다기보다는 포의 작품 세계와 그 음조를 그대로 가져온 작품이다.

이 단편영화는 사춘기에 접어든 어린 소녀가 어두침침한 지하창고에서 겪는 기묘한 체험을 초현실적으로 표현했다. 전체 스토리 라인을 은폐하는 불연속적 표현과 클로즈 업 장면을 빈번히 활용해 불가사의한 소녀의 내면세계를 효과적으로 조명한 것이다. 이 작품은 소녀가 지하창고에서 낯선 체험으로 인해 정체를 알 수 없는 불안을 겪지

---

2 Lacan, Jacques, Écrits: A Selection, tr. Alan Sheridan (NY: W. W. Norton, 1977), 166.
3 Paul Wells, 『호러영화』, 손희정 옮김(커뮤니케이션북스, 2011), 63.

만 그 낯선 힘에 매혹되어 다시 지하창고로 내려가게 되는 결말을 통해 불안의 양의성을 잘 표현했다.

키에르케고어가 말하기를 "아이들을 관찰할 때, 이런 불안이 모험적인 것, 괴상한 것, 그리고 수수께끼 같은 것에 대한 어떤 동경으로 훨씬 구체적으로 암시되어 있음을 발견할 것이다."[4] 이런 불안은 자아의 발생단계에서 나타나는 순진함에 내재된 불안이다. 그것은 낯선 어떤 힘이 소녀에게 침투해 들어오면서 발생하는 가능성의 불안이다. 이제 그 소녀에게 다가온 낯선 어떤 힘은 불안을 유발하지만 궁금증을 유발하며 파악하고 싶은 가능성으로 인식된다.

이런 불안의 양의성은 자기라는 의식이 강화되면서 "공감적인 반감이며 반감적 공감"[5]이라는 의미로 심화된다. 그것은 자기가 스스로를 열어 펼치게 하는 미지의 가능성 앞의 불안이거나, 가능성이 열리지 못하고 닫혀 버릴지 모르는 상태에 대한 불안이다. 이런 불안의 상태는 자기를 폐쇄시키려 하는 부자유 상태의 자기와 자기를 무한히 확장시키는 가능성의 자유와의 모순적 관계를 함축한다. 불안이 양의적인 의미를 지닌다는 사실은 그것이 인간 존재에 내재한 모순된 지점의 불투명한 부분과 관계하고 있음을 나타낸다. 동시에 이것은 인간이 자기 자신 안에 스스로 해결할 수 없는 어떤 정신의 사각지대를 가지고 있다는 것을 의미한다. 그런 불투명한 내면의 지점을 파악해 내면

---

4 키에르케고어, 『불안의 개념』, 임규정 옮김(서울: 한길사, 1999), 161. 인용은 임규정의 한글 번역본을 기본으로 하였다. 그렇지만 독일어 번역본과 영어 번역본을 참고하여 임규정의 번역을 부분적으로 수정한 곳이 있다. 수정한 부분은 각주에 (수정)이라고 표시한다.

5 키에르케고어, 『불안의 개념』, 160.

의 자기화를 이루도록 끊임없이 자기 자신과 관계를 촉구하는 신호가 불안인 것이다.

키에르케고어에게 불안과 자유는 내면의 자기화를 이끄는 궁극적인 힘이다. 불안에 대한 성찰은 곧 자유의 가능성에 대한 인식이기 때문이다. 키에르케고어가 말하는 인간의 불안은 자유와 분리할 수 없는 관계를 갖는다. 그래서 불안 속에서 "자기 스스로를 알리는" 자유의 가능성은 키에르케고어의 『불안의 개념』에서 끊임없이 반복된다.

인간의 본질을 내면성으로 이해하려는 것은 실존적인 관점을 지닌다. 문학과 철학과 종교를 융합해 새로운 실존적 인간학의 지평을 연 키에르케고어의 실존철학은 20세기에 들어와서야 덴마크를 지적에 두고 있는 독일에서 재평가를 받으며 알려졌다. 하이데거(Martin Heidegger)와 사르트르(Jean-Paul Sartre), 그리고 그 외의 다른 학자들의 실존적인 관점은 '불안'이라는 주제의 측면에 있어서는 키에르케고어에게, 그리고 자유 개념으로 관념론 철학을 비판하려는 측면에 있어서는 셸링(W. F. J. Schelling)과 키에르케고어 모두에게 큰 빚을 지고 있음이 분명하다.[6] 키에르케고어가 형성한 사상의 영향으로 인해 하이데거, 야스퍼스(Karl Jaspers), 그리고 사르트르 등은 20세기 실존철학의 주류를 이끈다.

철학자이면서 신학자인 키에르케고어의 사상에서 인간의 내면적 차원과 신적 섭리인 절대적 차원은 얽혀 있다. 그래서 키에르케고어의

---

6 Vincent A. McCarthy, "Schelling and Kierkegaard on Freedom and Fall," International Kierkegaard Commentary: The Concept of Anxiety, Robert L. Perkins (GA: Mercer University Press, 1985), 109.

독자들은 그의 사상을 독해할 때 종종 혼란에 빠진다. 우리는 그리스도를 닮을 것을 권유하는 명백히 종교적인 강화집(講話集)들(그는 이것을 자신의 오른손으로 내민 책들이라고 불렀다)[7]에서 한결같은 흐름을 발견한다. 만일 키에르케고어가 왼손의 저작이라 구분한 저작들이 없었더라면, 그는 '종교적 문필가'로만 알려졌을 것이다. 키에르케고어가 왼손 저작이라 부른 작품들은 익명적 저술의 시기(1842~1846)에 발표된 것들이다. 만일 익명의 저자들을 내세워 발표된 저작들을 관통하는 인간학적 의미와 문학적 성질을 올바로 이해하지 못한다면, 독자들에게 키에르케고어는 종교적 목적을 가진 저술가로만 인식되었을 것이다. 오로지 저술가로서 키에르케고어를 어떻게 읽을 것인가에 대한 입장은 특히 풀(Roger Poole)에 의해 개진되었는데, 그에 의하면 "익명들에 의해 이야기된 그 어떤 것도 키에르케고어 자신의 견해로 받아들여서는 안 된다는 것이다."[8] 이러한 풀의 주관적 해석이 다분히 논쟁의 여지를 지니고 있다 할지라도 키에르케고어가 불안이나 절망과 같이 지성과 근본적으로 다른 불가해한 현상에 대한 이론을 익명의 저자에게 떠넘기는 전략을 취하고 있음을 알 수 있다. 키에르케고어의 대표적인 왼손 저작으로 간주되는 『불안의 개념』과 『죽음에 이르는

---

7 키에르케고어는 이곳에서 그리스도교에 관한 교화적 강화(講話)를 위한 오른손 저작들과 익명으로 발표한 왼손의 저작들을 구별하고 있다. 키에르케고어 저작집, Kierkegaard's Writings, XXII, 관점: 저술가로서의 나의 저술 활동에 관하여, 저술가로서의 나의 삶에 대한 관점 그리고 무장한 중립성. Kierkegaard, The Point of View of my Life as an Author, and Armed Neutrality, trans. Howard and Edna Hong (Princeton, Princeton University Press, 1998), 36; 존 D. 카푸토, 임규정 옮김, 『HOW TO READ 키르케고르』(서울: 웅진 지식출판사, 2008), 199.

8 Roger Poole, Kierkegaard's Indirect Communication (Charlottesville: Virginia Press, 1933), 162.

병』은 본고에서 다루고자 하는 불안과 자유의 고찰을 위한 기본 텍스트이다.[9]

불안과 절망을 중심으로 한 키에르케고어의 정신사적 영향은 우파적 성향의 하이데거와 좌파적인 아도르노(T. W. Adorno)에게 끼치고, 그리고 현대 정신분석학의 새로운 지평을 연 라캉에게 미친다. 불안의 문제를 다룬 국내의 대표적인 학술 논문인 박찬국의 〈키에르케고어와 하이데거의 불안 개념에 대한 비교 연구〉와 홍준기의 〈불안과 그 대상에 관한 연구: 프로이트와 라캉의 정신분석학과 키에르케고어의 비교를 중심으로〉가 그 방증이다. 국내에서 키에르케고어의 불안에 대한 연구가 일천한 가운데, 이 두 논문은 불안의 개념에 대한 키에르케고어의 통찰을 선구적인 것으로 평가한다. 박찬국은 하이데거가 그의 주저인 『존재와 시간』에서 키에르케고어의 영향을 지대하게 받고 있고, 이러한 영향은 무엇보다도 그의 불안 분석에서 강하게 나타난다고 말한다. 홍준기는 키에르케고어가 정신분석학 이론이 반드시 참조해야 할 '순수한 불안'의 모습을 설득력 있게 제시했다고 평가했다. 실제로, 라캉은 『세미나 제10권-불안』[10]의 앞부분과 뒷부분에서 키에르케고어를 불안 현상에 대한 뛰어난 통찰력을 가진 사상가로 평가한다.

---

9 독일의 철학자 발터 슐츠(W. Schulz)는 『죽음에 이르는 병』을 서양철학 전체를 통틀어 가장 중요한 10권에 들어갈 정도로 중요한 저작이라고 평가했다. 이런 평가는 키에르케고어의 익명 저작들의 철학사적 위치가 어떠한지를 가늠할 수 있게 한다.

10 Jacques Lacan, "Anxiety, 1962-1963," The Seminar of Jacques Lacan, Book X, translated by Cormac Gallagher from Unedited French Manuscripts, 라캉의 『세미나 제10권: 불안』은 공식적으로는 출간되지 않았으나 비공식적으로 코맥 북스(Cormac Books)에서 출간되었다. 라캉은 1962년 11월 14일 첫 번째 세미나와 1963년 7월 3일 마지막 25회 세미나에서 키에르케고어를 언급한다.

홍준기는 키에르케고어 철학이 정신분석학적 맥락에서 해명될 수 있으므로, 키에르케고어의 철학이 필연적으로 유신론적 종교철학과 연결될 이유는 없다고 본다.[11] 송재우도 자신의 논문 〈키에르케고어적 개인적 체험의 학문적 정초 가능성: 하이데거의 해석학적 방법을 통하여〉를 통해 키에르케고어는 불안과 같은 개념을 통해 인간 체험이 그 극단에서 인간의 원천성을 어떻게 건드리는지 문학적 천재의 독창적인 감수성으로 보여주었다고 설명한다.[12] 키에르케고어는 불안을 자유와의 연관성 속에서 인간의 원천성을 학문적으로 정초하고자 했다는 것이다.

아도르노는 1933년에 처녀작으로 발표한 『Kierkegaard: Construction of the Aesthetic』에서 키에르케고어의 『이것이냐 저것이냐』의 향락적인 삶의 영역인 심미적 실존영역에 잠재되어 있는 미학적 논의를 이끌어낸다. 아도르노의 표현에 따르면, 인간존재의 내밀한 지층에 대한 탐색을 가능하게 하는 것이 예술이다. 그런데 아도르노는 키에르케고어의 불안과 절망에 대한 세밀한 묘사가 예술가들의 섬세한 민감성과 맞닿아 있다고 설명한다. 키에르케고어의 영향에 따른 아도르노의 미학은 키에르케고어가 말하는 구체적인 개별자가 된다는 것의 구조를 그대로 가져온 것이다. 아도르노가 1940년에 발표한 「문화산업: 대중 기만으로서 계몽」이란 글에서 말하는 비판의 원천은 사

---

11 홍준기, 〈불안과 그 대상에 관한 연구: 프로이트 · 라캉의 정신분석학과 키에르케고어의 비교를 중심으로〉, 『철학과 현상학 연구』 17, (2001): 256. 각주 인용.

12 송재우, "키에르케고어적 개인적 체험의 학문적 정초 가능성: 하이데거의 해석학적 방법을 통하여", 『철학논총』 55, (2009): 203. 송재우는 하이데거가 해석학이라는 방법을 통해서 키에르케고어의 사상을 철학적 차원으로 끌어올렸다고 주장한다.

실상 키에르케고어가 불안의 개념을 통해서 지적한 정신을 상실한 상태인 '무정신성'에 대한 비판이었다. 일찍부터 아도르노는 키에르케고어의 논의를 최근 문화에 적용하여 대중매체미학으로의 미학적 접근을 이뤄낸 것이다.

국내에서 정신분석학 연구가 활발한데 비해서 그 사상적 연원으로서 키에르케고어 연구는 일천하다. 키에르케고어의 불안의 개념을 정신분석학의 사상적 연원으로 이해하려는 연구와 더불어 그것을 현대 문화예술을 이해하는 미적 범주로 활용할 가능성을 탐색하는 연구도 필요하다. 이를 위한 선행연구로 본고에서는 키에르케고어의 실존개념들에 대한 해외 연구자들의 최근 연구 성과들을 주목한다. 키에르케고어의 저작들이 재해석되기 위해 기존 이론들과의 비교를 통해 분석될 필요가 있다고 여기는 현대의 키에르케고어 연구자들은 키에르케고어에게 미친 사상적 영향을 감지한다.[13] 이런 연구의 흐름 속에서 본 연구에서도 최신의 해외 연구자들이 제기하는 사상사적 영향 속에서 키에르케고어의 불안과 자유를 재독해한다.

키에르케고어의 불안의 개념에 대해 성찰적 관심을 가질 수 있도록 끊임없는 학문적 자극을 던져준 홍익대학교 미학과의 하선규 교수님에게 무한한 감사를 드린다. 한국키에르케고르학회장을 지내신 이승구 교수님도 이 글을 꼼꼼히 읽고 잘못된 것을 바로 잡아주셨다. 여러

---

13 덴마크에 위치한 키에르케고어 연구 센터(Søren Kierkegaard Research Centre)에서 매년 발간하는 『키에르케고어 연보』(Kierkegaard Studies Yearbook)에 수록된 불안과 자유에 대한 논문들, 1985년에 불안의 주제로 퍼킨스(Perkins)가 편저해 출판한 『국제 키에르케고어 논평집』(International Kiergaard Commentary), 그리고 1994년 키에르케고어의 주요 연구자인 아르네 그뢴(Arne Grøn)이 출간한 『불안의 개념』에서는 키에르케고어의 불안을 기존 이론의 사상적 영향 속에서 재독해한다.

가지 유익한 조언을 해주신 충북대학교 철학과의 박기순 교수님과 키에르케고르의 불안을 미학적으로 접근할 수 있도록 용기를 북돋아 주신 김진수 선생님, 이순아 선생님에게도 고마움을 표하고 싶다. 이런 분들의 도움이 있었기에 이 연구가 세상의 빛을 볼 수 있었음을 밝혀 둔다.

1장

실존과 불안

인간의 내면에 대한 심리학적 관찰과 탐구는 키에르케고어가 철학에 던진 중요한 성취이다. 키에르케고어가 익명의 시기에 발표한 저작들은 인간의 주관에 대한 내밀한 관찰을 시도하고 있음을 나타내기 위해서 부제에 '심리학적'이라는 단서를 자주 사용했다.[1] 그러나 키에르케고어는 자신이 말하는 심리학은 "이제껏 주관적 정신에 관한 학설이라고 불려온 일반적인 심리학"이 전혀 고려하지 못한 대상을 다룬다고 언급한다. 그는 과학적 관찰의 '외면성'과 정신적 경험의 '내면성'을 날카롭게 구분하고, 후자를 자신의 심리학의 대상으로 삼는다.[2] 이런 심리학적 관점을 통해 내면성을 관찰함으로써 키에르케고어는 인간의 실존적 상황인 불안이라는 심리적 기분을 이끌어내는 것

---

1 『반복』(1843)에서는 '실험적 심리학의 시도', 『불안의 개념』(1944)에서는 '원죄라는 교의학적 문제에 관한 심리학적 관점에서의 단순한 연구', 그리고 『죽음에 이르는 병』(1849)에서는 '교화와 깨달음을 위한 그리스도교적인 심리학적 탐구'라는 부제가 각각 붙어 있다.

2 유영소, "키에르케고어의 세 가지 실존 유형 속에 나타난 '에로스적인 것(das Erotische)' 연구", 홍익대 대학원 미학과 박사논문 (2012), 24.

이다.

불안은 자유의 가능성이다. 이러한 불안만이, 신앙의 도움을 입음으로써, 절대적으로 교육적이다. 왜냐하면 그것은 모든 유한한 목적을 소멸시키며, 또 유한한 목적들의 모든 속임수를 폭로하기 때문이다.[3]

개인이 세상과 맺는 관계 속에서 세상으로 향한 유한한 욕망과 현세적 물질에 대한 집착은 불안을 낳는다. 우리를 현세에 빠지게 하는 유한한 목적들은 인간에게 자기의 내면성이 아닌 자기 바깥에 있는 욕망의 대상을 몰두하도록 이끌기 때문이다. 그렇다면 어떻게 유한한 것들이 꾸미는 것들을 극복할 수 있을까? 이런 문제에 대해 키에르케고어는 인간이 신과 만날 수 있는 길인 신앙을 통해 해결이 가능하다고 설명한다. 신앙은 유한한 것들이 꾸미는 일체의 것들을 발견하고 폭로시킬 수 있다는 것이다. 자기가 되는 것이 자기 자신과 신과의 관계를 통해서만 수행될 수 있다는 사실은 키에르케고어가 유신론적 철학자로 분류되는 이유가 된다. 이처럼 키에르케고어의 실존철학에서 인간의 내면적 차원과 신적인 섭리인 절대적 차원은 얽혀 있기 때문에, 키에르케고어가 '심리학적'으로 기술한 불안의 개념을 독해할 때 쉽게 이해할 수 없는 부분이 있다.

철학자이면서 신학자인 키에르케고어는 내면성을 실존의 근거로 내세운다. 키에르케고어에게 실존은 스스로를 열리게 하는 자유의 가능성과의 직면을 통해 만들어지고 실현되어야 할 어떤 것이다. 이런

---

3 키에르케고어, 『불안의 개념』, 397.

실존으로 규정되는 존재방식은 자신의 존재의미를 끊임없이 자신 속에서 묻는 것이어야 한다. 그런 한에서 어떤 실존적 존재가 내면성을 지닌다는 사실은 그가 자신의 실존적 근거를 자기의 내부에서 찾게 되는 것을 의미한다. 키에르케고어에게 실존은 자기를 파악하려는 끊임없는 정신의 운동 속에서 이루어지는 것이기 때문이다. 그것은 개인의 구체적인 존재 양식에 집중하여 인간에 대한 물음을 제기하는 실존철학의 바탕을 이룬다. 스스로 자기를 이해하는 실존적 존재로서 "나는 누구인가?"를 진지하게 자기 자신에게 묻는 과정은 자기 이해의 길이다. 궁극적인 자기 이해의 목표는 인간에 대한 총체적인 투명성에 도달하는 것이다.

인간은 정신이다. 그런데 정신은 무엇인가? 정신은 자기이다. 그러면 자기는 무엇인가? 자기는 자기 자신과 관계하는 관계이며 또는 그 관계 안에서 자기 자신과 관계하는 관계이다.[4]

관계로의 실존은 키에르케고어가 안티-클리마쿠스(Anti-climacus)라는 필명으로 저작한 『죽음에 이르는 병』에서 상세히 설명하고 있으며 키에르케고어 철학의 독특한 측면을 드러내는 부분이다. 끊임없는 자기 자신과의 관계를 통해 내면성을 획득하게 된다는 '관계로서의 실존'은 자기 속에는 투명하게 파악될 수 없는 다른 자기가 있다는 것

---

4 키에르케고어, 『죽음에 이르는 병』, 임규정 옮김(서울: 한길사, 2007), 55. 인용은 임규정의 한글 번역본을 기본으로 하였다. 그렇지만 독일어 번역본과 영어 번역본을 참고하여 임규정의 번역을 부분적으로 수정한 곳이 있다. 수정한 부분은 각주에 (수정)이라고 표시한다.

을 인식하고 이를 관계시키는 것이다. 그렇기 때문에, 자기가 자기 자신과 관계를 맺지 못하거나 잘못된 방향으로 관계가 실현되면 개인은 불안 속으로 침몰할 수밖에 없다.

현세적인 명예와 부에 속박된 자기 성취를 추구하는 현대의 개인들은 자신의 욕망을 충족하기 위해서 끊임없이 자기 바깥에서 구축한 자신의 사회적 역할과 동일시한다. 현대인들은 자기 존재의 의미를 자기 바깥의 외적 대상에서 찾는 것이다. 외면성이 곧 내면성이라고 여기는 인식은 자기 이해가 외부적인 힘에 의해 이뤄진다고 믿는 것이다. 그러나 키에르케고어는 비길리우스 하우프니엔시스(Vigilius Haufniensis)라는 필명으로 저작한 『불안의 개념』에서 "내면성은 일종의 이해"[5]라며 "인간이 자기 자신의 의식 속에 있다는 구체적인 자기 이해를 지니지 못하면 내면성을 결여하게 된다"고 설명한다. 내면성이 증발하면 구체적인 실존에 대한 의식이 사라진다. 자기 바깥에 있는 외적인 대상을 추구하는 욕망의 원리는 현대인들에게 자기 실존에 대한 관심을 전혀 기울이지 않게 하는 것이다.

내면의 실존이 이뤄지지 않으면 내면에서 일고 있는 질적 변화의 욕구를 감지할 수 없기 때문에 과다한 인간의 욕망으로 인한 인간 내면의 뒤틀림을 이해하기 어렵다. 인간 내면의 깊은 심연에는 무한성과 유한성, 시간성과 영원성 그리고 가능성과 필연성의 관계처럼 근본적으로 상호 대립되는 질적 모순들이 잠재되어 있기 때문이다. 자기를 구성하는 이러한 대립적 요소들은 정신이 개입한 상태에서야 종합에 이를 수 있다. 인간의 자기는 종합의 결과이기 때문에 서로 모순된 방

---

5 키에르케고어, 『불안의 개념』, 367.

향으로 진행되는 대립적인 것들을 끊임없이 종합하며, 이전과 질적으로 다른 내면성을 형성해 나아가야 한다. 이처럼 서로 다른 모순이 있다는 것은 자기 자신을 투명하게 바라볼 수 없는 정신의 암흑지대가 있다는 것을 의미한다. 안티-클리마쿠스가 "정신은 내면성"이라고 했듯이 내면성은 이제 인간에 대한 투명성을 높여주는 '관계로서의 실존'을 규정하는 말이 된다. 관계로서의 실존을 이뤄내는 종합을 통한 질적 모순의 극복은 자기 이해의 과정이며, 그것의 궁극적인 목표는 자기실현이다.

> 인간은 무한한 것과 유한한 것의, 시간적인 것과 영원한 것의, 자유와 필연의 종합이며, 간단히 말해서 종합이다. 종합은 그 둘의 관계이며, 이렇게 보건대 인간은 아직 자기가 아니다.[6]

자기 바깥의 외적 대상을 추구하는 욕망의 원리는 그것과 대립적인 다른 감정의 요소들을 부정한다. 구체적인 실존에 대한 이해가 결여되면서 습관적으로 굳어진 한편의 감정이 다른 쪽을 지양하기 때문이다. 서로 다른 양극단의 질적 모순이 내면성이 부재한 상태에서 직접적으로 관계를 맺는다면 그것은 부정적 통일이 될 것이다. 안티-클리마쿠스는 이처럼 양극의 종합이 잘못된 방향으로 실현되면 개인은 불안 속으로 침몰하며 나아가 절망에 이르게 된다고 말한다. 내면성의 증발로 자아의 빈약을 초래하는 무정신성의 불안과 달리 정신이 전제되는 이후의 불안과 관계되는 것이 절망이다.

---

6 키에르케고어, 『죽음에 이르는 병』, 55.

절망은 자기관계의 실패이고, 잘못된 자기관계는 절망을 낳는다. 절망은 자기 자신과 아닌 것 사이의 내부 분열로 자기 자신과의 관계가 어긋나 있는 상태이다. 자기 자신이 자기가 지배할 수 없는 힘과 관계를 맺게 되면, 자기 이해를 위한 자기관계는 제대로 실행될 수 없기 때문에 내면적으로 낯설고 변덕스런 부정적 감정들을 유발하게 된다. 절망의 상태는 내면에서 자신의 참된 본성을 찾지 못하게 하며, 심지어 그것에 자신이 빠져 있음을 폭로하지 못하게 만드는 자기 폐쇄적인 상태에 이르게 한다.

자기관계의 실패는 절망에 이르게 한다. 그렇지만 그것은 정신이 부재한 상태가 아니기 때문에 어느 정도 자기 자신과의 관계는 유지되고 있는 것이다. 그렇다면 자기관계가 이루어지지 않는 상태란 무엇인가? 그것은 자기를 상실한 내면성의 부재(不在) 상태이다. 그런데 없음은 불안을 낳는다. 불안은 내면이 증발되고 있음을 알리는 신호이기 때문이다. 내면의 증발은 내면의 목소리를 듣지 못하게 되는 상태를 초래한다. 그래서 키에르케고어는 당시의 사상계에 지배적인 영향을 끼쳤던 사변철학의 흐름과 정반대로 나아간다. 사변적 체계가 고착화되면 내면성은 고유한 자기의식과 융합할 수 없게 되어 인간은 자기 소외에 이를 수 있음을 간파한 것이다.

그래서 키에르케고어는 인간의 본질을 '관계'로서 정의하며 내면성을 실존의 근거로 내세운다. 그는 인간의 본질을 '관계'로서의 실존으로 파악하고, 내면성에서 주체성의 핵심을 구하고, 나아가 종교적 실존에서 내면성의 의미를 구하고자 한다. 키에르케고어 연구자인 푸크냑(Puchniak)에 따르면, 이처럼 철학적이고 신학적인 이중적인 이해 과정을 거쳐야 인간 존재에 대한 투명한 이해에 도달할 수 있다는 키에르케고어의 관점은 기본적으로 아우구스티누스(Augustinus, 344~430)의 영향이라고 주장한다.[7] 키에르케고어가 그의 개인적인 저작 속에서 아우구스티누스의 『고백론』을 읽었다고 인정할 만한 부분은 아무데도 없다. 다만 그의 개인 서재에서 아우구스티누스의 전집이 발견되었고, 그의 『일지』에서 부분적이고 단편적으로 아우구스티누스에 대해 언급되어 있을 뿐이다. 그런데 후기 아우구스티누스의 관점은 타락 이후의 인간의 상태를 주목하며 원죄설을 정립한다. 시기에 따라 아우구스티누스의 사상은 변화를 드러내는 것이다. 키에르케고어는 『불안의 개념』에서 후기 아우구스티누스가 정립한 원죄설을 과감하게 수정하며 인간 자유에 대한 심리학적 논구를 전개한다.

중세의 대표적인 철학자인 아우구스티누스의 내면성 개념은 그의 저작인 『고백론』에서 잘 묘사되고 있다. 인간 내면의 경험에 뿌리를 둔 자기 자신에 진리 인식을 위한 신이 존재한다는 것이다. 이런 관점은 신이 존재하는 곳을 인간의 내면으로 이해하고, 내면성을 통해 자아가 완성된다는 인간에 대한 실존적 인식을 낳는다. 그렇다면 신이 거주하는 내면이란 구체적으로 어느 곳을 지칭하는 것일까? 자신의 영혼에 깃들어 있는 것일까 아니면 몸 속에 있는 것일까? 적당한 답을

---

7 푸크냑(Puchniak)은 키에르케고어의 '자기'에 대한 이해는 철저히 아우구스티누스주의를 따르고 있다고 설명한다. 이에 대해서는 Robert B. Puchniak, "Kierkegaard's 'Self' and Augustine's Influence," Kierkegaard Studies Yearbook (De Gruyter, 2011), 181-237에 상세히 설명되어 있다. 이명곤에 따르면, "내면성의 개념을 전문적인 철학적 주제로 다룬 철학자들은 유신론적 실존주의자들인 '가브리엘 마르셀'과 '루이라벨' 나아가 '키에르케고어' 등이지만, 보다 넓은 의미에서는 데카르트, 레비나스 등을 들 수 있다. 프랑스의 퓝(PUF) 출판사가 출간한 『철학개념 대사전』에서는 이러한 '내면성'의 기원은 중세의 '아우구스티누스'에 있다고 적고 있다"(이명곤, "중세철학에서 '내면성'의 의미", 「중세철학」 15, [2009], 1-37).

찾기 쉽지 않다. "신이여, 그러면 당신은 누구신가요?, 아우구스티누스가 물었다. 자기의 원인과 근본은 누구도 발견하지 못한 '깊게 숨겨진' 그리고 '이해할 수 없는' 것이기 때문이다."[8] 그래서 아우구스티누스는 관계성을 내세운다. 자기는 신과 관계되지 않는 한 정립될 수 없을 것이기 때문이다.[9] 아우구스티누스는 신과 관계하지 않은 삶을 "가짜의 존재, 즉 영혼의 죽음"[10]이라고 말하며 신과의 관계성을 강조하는 것이다. 인간과 신과의 관계를 고백이라는 실존적 해명을 통해 아우구스티누스는 내면적이고 영성에 속하는 삶을 통한 인간의 자기 발견에 대한 탁월한 통찰을 제시한다.

신이 "깊게 숨겨진" 곳이 인간의 내면이라는 것은 키에르케고어에게도 동일하다. 푸크냐은 아우구스티누스의 『고백론』을 통해 『죽음에 이르는 병』에 나오는 '자기'에 대한 이해를 더욱 세밀하게 고찰할 수 있다고 주장한다. 안티-클리마쿠스에게 인간에 대한 투명한 이해는 오직 "신 관계" 안에서만 가능하기 때문이다. 자신의 실존이 신으로부터 무한히 떨어져 있다고 생각하는 사람은 존재에 대한 투명한 이해를 결여하고 있는 것이다. 이 지점에서 키에르케고어가 불안을 통해 설명하려고 했던 인간의 내면적 본질에 대한 실존적 해명은 그 한계를 넘어서게 되고 신학적 차원에 진입하게 된다.

---

8 Augustine, Confessions, trans. Henry Chadwick (Oxford University Press, 1998), I. iv. 4.

9 Augustine, Confessions, I. ii. 2.

10 Augustine, Confessions, V. ix. 16.

1. 실존적 불안과 내면성

키에르케고어는 『불안의 개념』에서 비길리우스 하우프니엔시스라는 필명의 심리학자를 내세워 불안에 대한 실존적 해명을 제시하고 있다. 키에르케고어가 그리스도를 내면화의 대상으로 권유하는 명백한 교화적 강화(講話)를 위한 오른손 저작들과 달리 『불안의 개념』은 대표적인 왼손의 저작에 해당한다. 하우프니엔시스는 이 책의 서문에서 '불안'의 개념을 심리학적으로 다루는 것을 주제로 정립했다고 밝히며, 불안을 인간의 본성과 관련하여 탐구해야 할 중요한 가치로 부여하고 이를 고찰했다. 그는 이러한 불안을 분석하기 위해 인간이 정신으로서 자아를 정립할 때 들어오게 되는 죄의 현상을 주목하고 그것을 인간학적으로 고찰한다.

자기라는 의식이 침투되는 가운데 나타나는 것을 비길리우스 하우프니엔시스는 죄라고 한다. 죄는 인간이 실존의 수행 중에 "자꾸 되풀이해서 존재하는"(abermals)[11] 현상이기 때문에 모든 개인들은 각각 개별적으로 죄에 직면할 수밖에 없다. 비길리우스 하우프니엔시스는 이러한 죄라는 현상을 인간학적으로 분석하기 위해 서구 기독교 전통의 근간을 형성한 신학자 아우구스티누스로부터 전승되어 온 원죄설을 과감하게 수정한다. 이런 작업은 아담이 인간의 자유를 헛되이 사용하고 남용함으로써 죄를 지었다는 창세기의 설화를 재해석하는 것으로 시작된다. 전통적인 원죄 인식은 인간의 실존적 사유를 향해 있지 않다는 키에르케고어의 문제의식 때문이다. 아우구스티누스에게 인간

---

11 키에르케고어, 『불안의 개념』, 102.

의 궁극적 내면성은 그리스도의 초월적 가치를 통해 발견된다는 것이다. 따라서 인간은 원죄로 인해 타락한 본성을 지니게 되었기 때문에 신만을 참된 실재로 인식하게 하는 신 앞의 '자기 비움'(annihilation)이 불가피하게 되는 것이다. 인간은 상처받은 본성을 포기함으로써 진정한 자기정체성을 획득한다는 것이다. 그러나 아우구스티누스가 정립한 원죄설은 죄인으로서의 인간을 발견하게 한다. 모든 인간이 죄인일 수밖에 없다는 신학적인 인식에 갇히게 되면 인간이 스스로 자유를 지닌 가능적 존재라는 생각은 상실될 수밖에 없다. 사실상 무엇인가 '할 수 있음'을 의미하는 자신에 대한 자유의 존재라는 인식이 존재하지 않게 되기 때문이다. 그래서 비길리우스 하우프니엔시스는 "자유의 가능성은 불안을 통해서 자신을 알린다"[12]라고 말하며 실존적 불안과 자유의 개념을 통해 그의 철학이 영성주의로 집중되는 위험을 벗어나고자 한다.

자유의 가능성이 불안 속에서 자신을 천명한다는 것은 인간의 불안이 자유와 분리할 수 없는 관계를 지닐 수밖에 없다는 말이다. 자기라는 의식은 완결된 것이 아니기 때문에 인간은 죄를 지으면서 자기를 생성할 수 있는 죄를 범할 수 있는 자유의 가능성을 자기 안에 듬뿍 지닌 실존적 존재인 것이다. 자유의 가능성은 불안 속에서 우리가 선택할 자유가 있음을 알려주는 어떤 예감이기 때문이다. 이와 같이 비길리우스 하우프니엔시스는 인간의 자유가 죄를 정립하는 계기라고 본다.

그렇지만 비길리우스 하우프니엔시스는 "불안은 일종의 여성적 나

---

12 키에르케고어, 『불안의 개념』, 226.

약함으로 자유는 그 안에서 힘을 잃는다"[13]거나 "불안의 가능성 속에서 자유는 몰락하며 운명에 의해서 압도된다"[14]는 표현을 빌어서 인간의 실존적 자유에 대한 한계를 슬쩍 내비치기도 한다. 인간의 자유가 지닌 부정적 측면을 부각시키며 신이 요청된다고 말하는 것은 인간에게 고유한 자유의 퇴색을 의미한다. 인간이 그리스도의 내면화로 영원한 자유를 선택하는 순간 인간의 자유는 비자유가 되기 때문이다. 비자유는 자기 안에서 자유로운 선택을 할 수 있는 가능성인 확신이나 주체성이 아닌 자신이 지배할 수 없는 다른 힘에 얽매여 있는 상태이다.

비길리우스 하우프니엔시스에게 내면성을 이끄는 궁극적인 힘은 자유이다. 반면에 내면성의 부재를 알리는 신호는 불안이다. 그래서 비길리우스 하우프니엔시스가 말하는 자유는 불안과 비례적인 관계일 수밖에 없다. 불안이 예감하는 자유는 자기에게 잠재한 그 어떤 가능성을 붙잡을 수 있게 하는 것이기 때문에 인간존재의 근원적 뿌리나 다름없는 것이다. 이런 불안과 자유는 내면의 깊은 심연에서 끊임없이 자신에게 고유한 실존적 이해를 불러일으키는 내면성의 출현을 가능하게 한다. 내면성은 자신에게 고유한 자기 이해를 이끌기 때문에 인간의 실존적 개별성을 형성하는 계기가 된다. 그렇지만 내면성이 결여되어 있을 때는 언제나 "악마적인 것"[15]에 대한 규정이 존재한다. 악

---

13 키에르케고어, 『불안의 개념』, 199.

14 키에르케고어, 『불안의 개념』, 280.

15 『불안의 개념』에서 말하는 악마적인 것은 부자유이며 '선에 관한 불안'을 말한다. 키에르케고어에게 있어 선한 것은 자유의 회복, 구제, 구원 등을 의미한다. 자유가 선한 것이라면 부자유한 것은 사악한 것이다. 이에 대해서는 본고의 2장 3절에서 다루어진다.

마적인 것은 자유로부터 소외된 부자유의 상태이다. 이런 상태는 자기 속에서 존재의 진리를 묻지 않도록 훼방하기 때문에 내면성을 증발시킨다. 이로 인한 내면성의 결여는 실존적인 개체성을 사라지게 한다. 자기 상실은 자기가 되는 대신에 익명의 다수가 됨으로써 개별성은 불안 속으로 침몰하게 됨을 의미한다.

2. 불안의 개념을 정초하기 위한 원죄의 해석

1) 불안의 근원으로서 죄의식

비길리우스 하우프니엔시스는 죄라는 현상을 인간이 실존의 수행 중에 발생하는 하나의 특성으로 간주한다. 그에게 죄는 어떤 존재가 내면성에서 자신의 실존적 근거를 찾는 과정에서 나타나는 현상이기 때문이다. 그렇기 때문에 실존적인 관점에서 인간은 스스로 자아(自我)를 실현할 수 있는 자유를 통해서 죄를 범할 수 있는 가능성을 지닌 존재일 수밖에 없다.

이와 관련해서 키에르케고어가 영향을 받았다고 가정되는 아우구스티누스는 그의 저서 『자유의지론』 제1권에서 인간에게 분명히 자유의지가 존재한다고 설명한 바 있다. 이 저작에서 초기 아우구스티누스는 인간이 자신의 자유의지를 바탕으로 그리스도의 신성으로 다가가야 한다고 강조한다. 인간에 대한 이런 실존적 인식은 그의 또 다른 저작 『고백론』에서도 잘 드러나 있다.

그렇지만 아우구스티누스의 중기의 관점에서는 악의 기원을 명시적으로 인간에게 주어진 "자유의지의 왜곡"이라고 정의한다.[16] 특히 로마에 체류하고 있던 아우구스티누스가 북아프리카로 돌아온 후에 집필을 시작해 히포(Hippo)의 주교가 되기 직전에 완성한 『자유의지론』 제2권과 제3권에서는 제1권에 비해 기독교적 요소가 강하게 나타난다. 집필시기에 따라 아우구스티누스의 사상은 변화를 드러내는 것이다. 후기 아우구스티누스의 관점은 곧바로 타락 이후의 인간의 상태를 주목한다. 즉, 인류는 아담의 타락으로 인해서 절망의 상황에 빠져 있음을 강조하기 시작했던 것이다.[17] 원죄설을 정립할 무렵의 아우구스티누스는 기독교 사상을 강력하게 옹호하게 된 것이다. 아우구스티누스는 원죄의 결과로 인간이 죄의 가능성으로 가득 찬 존재가 되었기 때문에 항상 외적인 통제가 필요하다고 강조하게 된다. 그는 자유의지가 연루된 구체적인 죄의 행위들을 사욕으로 간주하는 것이다. 아담이 진정한 자유를 헛되이 사용하여 죄를 지었기 때문에 자신을 초월하는 신에게 자신의 자유를 의탁해야 한다는 가르침은 이후 서구 기독교 전통의 핵심이 되었다.

아우구스티스가 정립한 전통적인 원죄설에 따르면, 최초의 인간인 아담으로부터 유래된 원죄의 결과로 후대의 모든 사람이 죄를 짓게 한다. 그래서 원죄는 최초의 죄의 결과로서 인간의 타락 후의 상태의 특성이 된다. 최초의 죄가 아담의 죄라는 전통적 인식은 다분히 죄라는 현상을 신학적 해석에 기초한 것일 뿐이다. 그래서 원죄설에 근거

---

16 St. Augustine, 『자유의지론』, 성염 옮김(왜관: 분도출판사, 1998), 261. (2. 19. 53).
17 Augustine, 『자유의지론』, 375. (3. 18. 51).

한 기존의 다양한 전통적 교리들은 어떻게 아담이 모든 개인의 죄에 대하여 책임이 있는가를 분명히 밝히기 위해 원죄의 원인이 되는 이론들을 찾는데 주력했다.

이처럼 죄라는 현상을 타락 후의 상태로 간주하게 되면 죄라는 현상에 대한 탐구는 신학적 주제에서 벗어나지 못하게 된다. 그렇기 때문에 죄가 어떻게 생성되는가에 대한 사유는 배제될 수밖에 없는 것이다. "아담의 최초의 죄 이전에는 이 세상에 죄가 존재하지 않았다는 것"[18]은 죄의 본질을 이해하려는 철학적이고 인간학적인 질문을 매우 하찮게 만들어 버린다. 이런 전통적인 원죄 인식은 도무지 인간의 실존적 사유를 향해 있지 않다는 것이 바로 비길리우스 하우프니엔시스가 『불안의 개념』에서 지적하는 문제인 것이다. 키에르케고어가 비길리우스 하우프니엔시스를 통해 심리학적이고 실존적으로 죄를 고찰하고자 하는 이유는 죄라는 현상이 인간의 정신이 각성되는 과정에서 더불어 스며든다는 것을 설명하기 위함이다. 그것은 다름 아닌 죄에 상응하는 심리적 기분의 상태로서의 불안이다. 불안은 인간이 자유로운 의지를 통해 스스로 죄를 범할 수 있는 가능성을 지닌 존재임을 드러내 주는 것이다.

그래서 비길리우스 하우프니엔시스는 아담을 인류의 출발로 가정하고 후대의 인류를 아담의 생물학적 자손으로 규정하는 모든 이론들을 공격한다. 그것은 "원죄를 설명하는 과제는 아담의 죄를 설명하는 일과 동일한 것"[19]이라는 인식을 가진 교의학의 오류를 지적하는 것으

---

18 키에르케고어, 『불안의 개념』, 139.
19 키에르케고어, 『불안의 개념』, 125.

로 시작한다. 이를 위해『불안의 개념』의 첫 번째 주제인「원죄의 전제이자, 원죄를 그 기원에 의거하여 역행적으로 설명해 주는 불안」에서는 원죄 개념을 인간학적으로 해석하며 최초의 죄는 곧 아담의 죄라고 설명하는 역사적인 전통과 대결한다. 기본적으로 아담은 아버지가 없기 때문에 아담이 어떻게 최초의 죄성을 물려받게 되었는지는 설명될 수가 없다. 그래서 사람들은 아담의 죄를 설명하려고 하지 않았으며, 그 대신 아담의 죄의 결과들이라는 관점에서 원죄를 설명하려고 했던 것이다.[20] 하우프니엔시스에 따르면 그렇게 정립되어진 원죄설로 인해 모든 인류는 집단적으로 단죄 받게 되는 역사를 갖게 된다는 것이다.

인간의 자유의지가 연루된 구체적인 죄의 행위로 인한 타락은 그리스도의 내면화를 거스르는 본성적 경향이지만, 하우프니엔시스에게 이런 행위는 '자기 자신'에게 고유한 정신의 성숙을 향한 선택에 의한 것이라고 말한다. 인간이 자신의 실존적 근거를 자신의 내면에서 찾는 과정은 스스로를 실현하기 위한 결단을 통해 이루어진다. 그런데 이 결단은 동시에 타락을 의미한다. 아담에게 금령이 갈망을 일으켰다면, 이때 금령은 타락의 필요조건이 된다. 아담에게 '할 수 있음'이라는 두려움을 유발하는 가능성을 일깨워놓은 것이 바로 금지이다. 금지를 어길 수 있다는 자유에 대한 가능성의 발견은 아담이 스스로 자유롭게 결단할 수 있다는 불안한 가능성이다. 결단은 인간이 자유로운 자기의식을 갖기 위하여 내면에 있는 그 무엇을 이끌어내 자신을 실현하는 것이다. 자기를 실현할 것인지, 아니면 그 실현을 포기할 것인지의

---

20 키에르케고어,『불안의 개념』, 128.

결단 앞으로 내몰리는 인간의 상황은 햄릿의 고전적인 질문인 '죽느
냐 사느냐' 속에 내재된 비장함과도 비견된다. 이렇게 내몰린 상황 앞
에서의 결단이 곧 "도약"(leap)[21]이다. 인간이 자유를 온전히 붙잡느냐,
그렇지 못하느냐는 오직 질적인 도약을 통해서만 가능하다는 것이 하
우프니엔시스의 주된 견해인 것이다.

최초의 죄에 대한 전통적 인식은 아담을 현실적 인간이 아니라 역
사 바깥에 공상적으로 놓이는 가상적 인간이 되게 한다. 그렇게 되면
아담의 죄성이 모든 인류에게 유전된다는 교리가 심각한 문제를 드러
내게 된다. 아담이 역사 바깥에 놓이게 되면 아담은 그리스도가 모든
인류를 구원하기 위해 원죄를 대속했다는 속죄론에서 벗어나는 유일
한 사람이 되어버리는 오류가 발생하기 때문이다. 현대 가톨릭 신학의
대표적인 신학자 칼 라너(Karl Rahner)도 최초의 죄와 원죄의 관계에
대해 다음과 같이 말하며 비길리우스 하우프니엔시스와 비슷한 견해
를 나타낸다. "원죄란 결코 최초의 인간이 행한 행위의 윤리적 형질이
우리에게 전해진다는 것이 아니다. 하느님이 법적인 의미에서 죄과를
부과하는 것도, 그리고 어떠한 형태의 생물학적 유전에 의해서 그렇

---

21 『불안의 개념』의 중심 개념 중의 하나인 '도약'은 칸트의 '물 자체'의 개념과 같이
지성적 사유로는 다가갈 수 없는 어떤 '결단의 범주'이다. 필연에 의해서가 아니라 자유
에 의해 일어나는 것이기 때문에 논리학에는 이 도약이 들어설 여지가 없다. 따라서 이
개념은 매개와 종합을 통한 이행이라는 헤겔의 개념과 대척점을 이룬다. 뮬렌(Mullen)
에 따르면, 키에르케고어가 말하는 '도약'에는 다음과 같은 네 가지 형태가 있다고 한
다. ① 지적 직관이나 추론 과정에서 이루어지는 사고의 비약 ② 실존의 영역에서 일어
나는 정열에 찬 도약(pathos filled leap) ③ 사고의 매개를 통한 가능성에서 현실성으로
의 도약 ④ 현실성에서 가능성으로의 재도약(현실적 운동이 아니라 사유의 상태로 다
시 돌아가서 현실성의 순수한 가능성을 분석하고 반성의 대상으로 삼는 추상의 행동).
John Mullen, Kierkegaard's Philosophy: Self Deception and Cowardice in the Present Age
(University Press of America, 1995), 130-33.

게 되는 것도 아니다."[22] 따라서 아담을 인류 역사로부터 배제하는 것은 있을 수 없다. 즉, 인간은 개인이며 또한 그 자체로서 자기 자신인 동시에 전 인류라는 것, 그것도 전 인류는 개인에 참여하고 개인은 전 인류에 참여하는 방식으로 그렇다는 것이다.[23] 개인이 항상 처음부터 고유한 방식으로 인류 역사에 참여하는 방식에 아담을 배제함은 있을 수 없는 것이다. 이제 한 개인으로서 아담의 죄가 이 세상에 들어오는 길을 질적 도약이라고 밖에 설명할 수 없게 된다.

최초의 죄는 인간이 지닌 자유에 의해 솟구쳐 나오는 도약과 더불어 순결한 상태에 있는 아담에게로 들어온 것이다. 죄는 다른 원인이 있을 수 없기 때문에 그것의 궁극적인 기원은 알 수 없다. 죄가 세상에 들어올 수 있는 길은 오로지 질적 도약 밖에 없다. 그러므로 죄는 항상 질적 도약을 배태하고, 죄는 죄 자체를 스스로 정립할 수밖에 없다. 이러한 죄에 대한 해석이 비길리우스 하우프니엔시스가 재해석하는 원죄의 개념을 형성한다. 후대의 인간이 아담으로부터 물려받은 것은 원죄의 죄성이 아니라 불안인 것이다.

이처럼 비길리우스 하우프니엔시스는 전통적 원죄설을 현대적인 형태로 과감하게 수정하며 자신의 고유한 인간학을 전개하는 동시에 원죄설을 뒤흔들면서 자신의 견해가 들어설 여지를 마련하고 있다. 자유 가능성을 지닌 인간의 원 상태가 불안의 원인이 되는 것이다. 선악과가 자유의지에 대한 개인의 통제를 상징한다면, 금령은 역설적으로 아담에게 속박당하고 있는 자유가 있음을 일깨워놓는 것이다. 금령은

---

22 Karl Rahner, 『그리스도교 신앙 입문』, 이봉우 옮김(왜관: 분도출판사, 1994), 156.
23 키에르케고어, 『불안의 개념』, 133.

아담에게 자유의 가능성을 눈뜨게 하면서 동시에 그를 두렵게 만든다. 이처럼 비길리우스 하우프니엔시스는 금령이 전제하는 "할 수 있음" 이라는 가능성과 그것이 수반하는 매력과 두려움에 주목하였다.

2) 죄라는 현상에 대한 해석의 이중성

인간 내면의 자기화가 자기초월적인 그리스도의 내면화로 통합에 이르지 못하는 상태에서 지니게 되는 것이 죄의식이다. 그것은 또한 신(神) 중심적으로 내어뻗게 하는 무한성과 자기중심적인 유한성 사이의 불일치로 인한 인식이다. 이런 불일치는 자기를 확대시키는 계기인 무한성과 인간이 사욕 속의 제한된 협소함으로 자신을 한정시키는 계기인 유한성이 서로 대립적인 것을 끌어안지 못하는 상태로 인해 생긴다. 키에르케고어에게 내면화란 서로 대립하고 있는 질적 변화들을 스스로 종합시켜주는 실존적 운동을 말하기 때문에, 무한성과 유한성 사이에 종합이 이루어지지 않는다는 것은 내면으로 실존하지 못한다는 의미가 된다.

내면으로 실존하기 위한 내면화의 여정에서 인간중심적 관점과 그리스도 중심적 관점의 충돌은 철학적 난제로 남아 있는 문제이다. 키에르케고어도 클리마쿠스라는 필명으로 저작한 『철학적 단편 후서』에서는 신 의식을 지닌 자기에 이르기 위해서는 "자기 비움"은 필수적이라고 말하고 있다. 내면화의 궁극적인 힘인 자유는 그리스도 신성의 내면화를 통해 더 깊은 특성을 소유하게 된다는 것이다. 그러나 자아를 말끔히 비우는 "자기 비움"을 통한 그리스도의 초월적 가치의 내면화는 영성주의로 일관하게 하는 문제를 낳는다. 그래서 인간중심적 관점으로 저작된 『불안의 개념』에서는 전통적인 원죄론을 인간의 자유를 억압하는 교리로 간주할 수밖에 없는 것이다. 키에르케고어의 사상에서도 인간의 자유와 그리스도 신성 안에서의 자유의 충돌 문제는 그대로 드러나고 있는 것이다.

키에르케고어에게 실존적 개인은 "단독자"(單獨者)[24]라는 개념을 출발점으로 하여 끊임없이 자기를 실현해 가는 존재이다. 하나의 특정한 주관적인 존재로서 단독자는 자유로운 정신으로 결단하며 그 선택에 책임을 다하는 개인이다. 자유로운 열정으로 자기 자신이 되어가는 단독자에게 죄는 인간의 자유선택의 결과이다. 『불안의 개념』에서 이처럼 죄를 종교적 차원에 국한하여 다루지 않음으로써, 원죄를 포함한 모든 죄를 개인의 자유행동이나 "도약"으로부터 발생할 수 있는 죄성과 연관시켰다. 이처럼 키에르케고어는 비길리우스 하우프니엔시스라는 필명을 통해서 "아담의 죄는 하나의 결과로서의 죄성에 대한 필요 조건"[25]이라며 죄와 인간을 하나로 간주하는 상태로서의 죄성을 전제하는 원죄에 대한 전통적 개념을 부정하며 죄를 새롭게 인간학적으로 해석한다.

그렇지만 안티-클리마쿠스는 『죽음에 이르는 병』에서 이르기를, 단독자로서의 인간이 자신의 실존을 자각하게 하는 내면화는 궁극적으

---

24 Kierkegaard, Concluding Unscientic Postscript, D. Swanson & Walter Lowrie, tr. (Princeton : Princeton University Press, 1944), 141. 실존적 개인은 신 앞에 홀로 서 있는 단독자로서 자기 이해와 자기실현을 해가는 주체자임을 의미한다. 키에르케고어가 요하네스 클리마쿠스(Johannes Climacus)라는 필명으로 출판한 『철학적 단편에 대한 비학문적 후서』를 본고에서는 이후 CUP로 약칭하여 표기함.

25 키에르케고어, 『불안의 개념』, 136.

로 신과의 관계에서만 가능하다고 설명한다. "죄는 부정이 아니라 상태"(sin is not a negation but a position)[26]라고 확고하게 언급하는 것은 원죄에 대한 전통파 교의학의 개념을 따르는 것이다. 키에르케고어는 왜 이 지점에서 다시 교의학을 불러들이는 것일까? 물론 이러한 견해의 바탕에는 명백하게 키에르케고어의 은사였던 헤겔주의 신학자 마르텐센(H. L. Martensen) 교수의 입장에 대한 반발이 깔려 있다. 헤겔 철학을 교의에 적용한 마르텐센과 같은 프로테스탄트 신학자들이 신학과 헤겔 철학 사이의 조화로운 관계를 선언할 때, 키에르케고어는 이러한 절충은 불가능한 것이라는 대립적 입장을 견지한 것이다. 『죽음에 이르는 병』을 저작할 시기에 키에르케고어는 신학과 철학적 관념론을 절충시키려는 사변적 교의학을 견제하기 위해 정통파 교의학을 끌어들인 것이다. 그런데 안티-클리마쿠스의 이 견해를 둘러싸고 현대의 일부 키에르케고어 학자들은 키에르케고어가 죄에 대한 해석에 명백하게 이중성을 드러낸다고 주장한다.

리 바렛(Lee Barrett)은 키에르케고어의 원죄에 관한 글에서 분명히 "나는 '도약'과 '상태'라는 요소들이 모두 제시되어 있다는 것은 사실이라고 주장할 것"[27]이라고 말한다. 이어서 리 바렛은 키에르케고어가

---

26 키에르케고어, 『죽음에 이르는 병』, 193. 정통파 교의학인 정교는 죄가 부정적으로 정의될 때, 모든 그리스도교는 무기력하고 결단력이 없다는 것을 정확하게 인식하였다. 이것이 정교가 타락한 인간에게 죄가 무엇인가를 가르치기 위해서는 하나님으로부터의 계시가 있어야 한다는 것, 시종일관 그것이 교리이기 때문에, 믿음으로 받아들여야 하는 소식이 있어야 한다는 것을 강조하는 이유이다(키에르케고어, 『죽음에 이르는 병』, 194). 인간은 죄의 결과인 죽음 앞에 있으므로 죄를 지닌다. 성경에서는 다음과 같이 말한다. "한 사람으로 말미암아 죄가 세상에 들어오고 죄로 말미암아 사망이 왔나니, 이와 같이 모든 사람이 죄를 지었으므로 사망이 모든 사람에게 이르렀느니라"(로마서 5장 12절).

27 Lee Barrett, "Kierkegaard's "Anxiety" and the Augustinian Doctrine of Original Sin,"

『일기』에서는 "원죄는 죄성이다. 그것은 정말로 역설이다"라고 말하는 반면, 『불안의 개념』에서는 비길리우스 하우프니엔시스라는 얄팍한 필명을 통해 모든 "개인은 오로지 자신의 죄를 통해서만 죄를 짓게 된다는 것"은 그럼에도 불구하고 사실이라고 말하는데 능숙하다고 키에르케고어의 원죄 설명에 대한 모순성을 지적한다. 또한 이러한 명백한 갈등은 다음과 같이 키에르케고어를 연구하는 몇몇 학자들로 하여금 키에르케고어가 죄라는 현상에 대해 서로 모순적인 개념들을 품고 있다는 해석을 제안하게 하였다.[28]

스웨덴의 키에르케고어 연구자인 톨스텐 보흐린(Torsten Bohlin)은 『불안의 개념』과 『죽음에 이르는 병』에서는 키에르케고어가 죄의 정의를 죄성의 결정으로 논의하는 반면, 『철학적 단편에 대한 비학문적 후서』에서는 죄를 인간 본성의 붕괴로 봄으로써 죄에 대한 교의학적 관점을 더욱 진전시킨다고 지적한다. 알보그(G. B. Arbaugh)도 죄성은 반드시 인간의 자유로운 선택으로부터 발생한다는 키에르케고어의 주장과 그럼에도 원죄는 유전적인 죄성을 포함하고 있다는 키에르케고어의 주장에서 "명백히 모순된 이중성"을 드러낸다고 단언한다. 또 다른 연구자인 크레스톤 노던토프트(Kresten Nordentoft)는 "『불안의 개념』에 나와 있는 도약이라는 것은 실제로 죄에로의 도약이라기보다는 『죽음에 이르는 병』에 언급되어 있는 죄의식으로의 도약을 뜻

International Kierkegaard Commentary: The Concept of Anxiety, Robert L. Perkins (GA: Mercer University Press, 1985), 38.

28 Barrett, "Kierkegaard's 'Anxiety' and the Augustinian Doctrine of Original Sin," 36–37.

한다."[29]고 주장한다. 반면 마크 테일러(Mark Taylor)는 "키에르케고어는 원죄를 개인의 적절한 죄적인 행동 이전의 윤리적 테두리를 넘어선 두려움과 심리학적 상태로 정의하길 원한다고 결론지었다"[30]고 설명하면서 개인의 결정적 행동으로서의 죄에 초점을 맞춘다. 심지어 자우더마(S. U. Zuidema) 교수는 "키에르케고어가 그의 극심한 개인주의가 통하도록 이 원죄설을 수정하였다"[31]는 의견을 예전에 제안한 바 있다. 이에 따라, 대안적으로, 어떤 학자들은 도약과 상태라는 두 가지 주제를 모두 고수하거나, 서로 다른 두 가지를 해명하기 위해 그 중 하나의 입장을 선택하는 방법을 쓴다.

이와 같이 키에르케고어에게 죄라는 현상에 대한 해석은 인간중심적 관점과 교의학적 관점을 공존하고 있는 듯하다. 인간이 죄의 가능성을 자기 자신 안에 지니고 있다는 것의 해명에는 그런 두 가지 관점의 충돌이 불가피하게 초래되는 측면도 있다.『불안의 개념』에서는 분명히 죄라는 현상이 인간의 자유로운 정신으로부터 오는 것으로 설명한다.『죽음에 이르는 병』의 앞부분인 제1부에서도 안티-클리마쿠스는 "정신은 자기이며 자기는 자기 자신과 관계하는 관계"라며 인간은 끊임없이 자기와 관계를 맺는 내면적 실존의 상태로 설명한다. 그런데 다음과 같은 언급을 통해 안티-클리마쿠스에게 자기관계라는 실존의 운동은 타자관계가 추가되는 복잡한 것임을 알 수 있다.

---

29 Kresten Nordentoft, Kierkegaard's Psychology trans. Bruce Kirmmse (Pittsburgh: Duquesne University Press, 1978), 168-70.

30 Mark C. Taylor, Kierkegaard's Pseudonymous Authorship: A Study of Time and the Self (Princeton: Princeton University Press, 1975), 268-270.

31 S. U. Zuidema, Kierkegaard (Philadelphia: P&R, 1960), 21.

만일 자기 자신과 관계하는 관계가 타자에 의해서 정립되었다면, 그렇다면 그 관계는 사실 제3의 관계인데, 그러나 이 관계, 즉 제3의 관계는 그렇지만 또다시 하나의 관계이며 더욱이 관계 전체를 정립한 것과 관계하고 있다.

그렇다면, 제2부인 「절망은 죄이다」에서 "죄는 부정이 아니라 상태"라는 안티-클리마쿠스의 주장은 전적으로 교의학적 관점에만 머물러 있는가? 안티-클리마쿠스에 의한 인간의 죄에 대한 고찰이 신학적 주제로 한정되지 않기 위해서는 『죽음에 이르는 병』에 있는 "죄는 부정이 아니라 상태"라는 주장에 대한 면밀한 해석이 필요하다. 이를 설명하기 위해 '죄는 부정이 아니다'와 '죄는 상태이다'라는 말을 나누어 분석해 본다.

첫째, "죄는 부정이 아니다"는 말이 의미하는 바는 무엇일까? 안티-클리마쿠스가 '절망은 죄이다'라며 내린 죄에 대한 의미는 "하느님 앞에서 절망에 빠진 채 자기이기를 의도하지 않는 것이거나, 혹은 절망에 빠진 채 자기이기를 의도하는 것이다."[32] 여기서 안티-클리마쿠스는 죄라는 것이 하나님과의 관계에서 발생하는 것이기 때문에 헤겔 논리학에서 부정(否定)으로 설명될 수 없는 것이라는 점을 분명히 한다. 헤겔 철학에서 부정(否定)은 최초의 개념인 정립(正立)에 대한 반정립(反正立)이라는 변증법 운동을 낳는 추진력으로 사용되는 것이다. 헤겔 논리학에서의 모든 운동은 정립과 반정립을 통해 새로운 사유의 종합을 도출하기 위한 것이다. 그렇기 때문에 부정성이라는 범주는 논

---

32 키에르케고어, 『죽음에 이르는 병』, 193.

리학에서 사유의 운동을 낳기 위한 필연적인 타자성에 이른다. 죄가 단순히 연약함, 관능성, 유한성, 무지 등의 부정적인 그 무엇이라고 말하는 것은 죄가 무엇인가에 대해 잘 알지 못하는 무지이다. 안티-클리마쿠스에게 죄는 헤겔 논리학에서 추상적인 운동에 불과한 부정적인 그 무엇이 아니라, 절망이다. 절망은 곧 죄인 것이다.

절망이라는 균열된 자기관계는 단순히 하나의 잘못된 관계가 아니며, 자기 자신과 관계할 뿐만 아니라 타자에 의해서 정립된 관계 안에서의 잘못된 관계이며, 그런 까닭에 그 자체로 존재하는 그런 관계에서의 잘못된 관계는 또한 그 관계를 정립한 힘에 대한 관계 안에서 자신이 무한히 반영되어 있다.[33]

비길리우스 하우프니엔시스도 『불안의 개념』에서 논리학에서의 부정성에 대한 부정을 명확히 한다. 죄라는 것은 구체적 실존을 위한 운동의 결과이기 때문에 죄는 고정할 수 없는 현상이 된다. 그렇기 때문에 변화하지 않는 범주만을 가지고 사유하는 논리학에서 부정적인 것은 당연히 그 장소가 있을 수 없는 것이다. 따라서 논리학에서 부정적인 것 자체는 말장난에 불과하다는 것이다. 운동의 개념 자체가 논리학에서는 어떤 자리도 차지하고 있지 않은 일종의 초월이라는 것을 생각한다면, 우리는 이 사실을 쉽게 확신할 수 있을 것이다.[34] 비길리우스 하우프니엔시스에게 진정한 운동은 인간의 마음속에서만 일

---

33 키에르케고어, 『죽음에 이르는 병』, 58. (임규정의 번역을 일부 수정함).
34 키에르케고어, 『불안의 개념』, 98.

어나는 생각의 움직임이 아닌 하나의 초월성과 연관을 맺고 있는 것이다. 그런데 논리학에서는 이 초월이 막혀 있기 때문에 죄의 현상과 그 본질에 대한 고찰은 다루어질 수 없는 것이다. 초월은 현재에서 미래로 개입할 수 있는 가능성을 열어 둔 것이며 도약의 순간이다. 다만 안티-클리마쿠스는 자유로운 존재로서 인간 실존의 문제를 다루면서 『불안의 개념』에서 자기를 실현하는 순간의 초월인 "질적 도약"으로 설명할 수 없는 부분을 '역설'로 해명하도록 교의학적 관점을 불러들이는 것이다.

둘째, 죄는 왜 상태인가? 이 개념을 이해하기 위해서 우리는 먼저 상태라는 말이 어떻게 쓰이고 있는지 알아볼 필요가 있다. 왜냐하면 교의학에서 쓰이는 죄가 된 상태(position)라는 말은 심리학에서 쓰이는 상태(state)라는 말과 혼동되고 있기 때문에 두 개념 사이의 절충점을 찾기 전에 각각 다르게 파악되어야 한다. 그 이유 중 하나는 상태라는 말이 개인의 의식성에 대한 교리주의적 설명에 해당하는 것이고, 다른 하나는 죄의 생생한 분위기에 관한 심리학적 탐구에 속하기 때문이다.[35] 『불안의 개념』에서는 불안이란 주제를 심리학적으로 해석하는 것을 그 목적으로 한다. 그래서 비길리우스 하우프니엔시스는 교의학과 심리학 사이에 경계를 세우고자 원죄의 "상태"와 "도약"이라는 개념의 두 가지 측면을 탐색하는 것이다. 그런데 비길리우스 하우프니엔시스가 죄의 성격을 "도약"이라고 강조하는 견해를 밝히면서 두 개념 사이에 구분점이 있다고 해석하는 경향을 보인다. 이로부터 키에르케고어가 죄에 대한 이중적 해석을 제시하고 있다는 비판을 야기하게

---

35 Barrett, "Kierkegaard's 'Anxiety' and the Augustinian Doctrine of Original Sin," 39.

된 것이다. 그런데 안티-클리마쿠스가 『죽음에 이르는 병』에서 "죄는 상태이다"라고 주장하는 이유는 그것이 죄에 대한 심리학적 해석과의 차이점을 드러내고자 함이 아니라, 인간의 내면적 차원이 신의 절대적 차원과 근본적으로 얽혀져 있음을 설명하기 위함이다.

비길리우스 하우프니엔시스는 불안의 개념을 심리학적으로 다루는 과제를 정립하면서도 "다만 그것이 원죄에 대한 교의를 항상 마음속에(in mente) 그리고 눈앞에 두는 그런 방식으로"[36]라고 언뜻 언급한 바 있다. 그는 인간이 죄를 짓게 하는 선행된 심리적 상태를 찾기 위해 심리학적으로 죄에 접근하지만, 그것이 어느 정도는 교의학과 관계되어 있음을 완곡하게 표현하고 있는 것이다. 그렇지만 교의학에 대한 비길리우스 하우프니엔시스의 비판은 이것이다. 오로지 성서의 계시에 근거해서 죄의 개념을 이해하고 또 믿어야 한다는 루터교에 입각한 교의학이 문제가 있다는 것이다. 교의학의 문제는 아담의 정체성과 죄의 가능성을 설명하는 관점에서 심리학의 가치를 인식하지 못했다는 것이다.

"죄는 부정이 아니라 상태"라는 주장의 분석을 통해서 알 수 있듯이 키에르케고어의 죄에 대한 두 가지 관점은 결코 모순적이지 않다. 안티-클리마쿠스도 지적하듯이 『죽음에 이르는 병』의 제1부인 「죽음에 이르는 병은 절망이다」에서 실존적 개인의 자기의식은 "그 자신이 정립하였거나 동시에 타자에 의해 정립되었을 것"[37]이라는 설명을 통해 인간과 신은 불가분의 관계에 있음을 밝히고 있다. 심지어 안티-클

---

36 키에르케고어, 『불안의 개념』, 100.

37 키에르케고어, 『죽음에 이르는 병』, 56.

리마쿠스는 같은 저작의 제2부인 「절망은 죄이다」에서 "하나님에 대한 생각에 의해 무한히 강화되는 자기는 죄의 일부"[38]라고 설명하며 죄는 인간의 오성으로는 결코 이해할 수 없다고 한다. 자기 관계의 역동적 활동으로 인해 강화되는 자기의식은 그것의 높은 단계인 타자 관계로 접어들수록 죄에 대한 두 가지 관점은 모순이 아니라 서로 중첩될 수밖에 없다. 그런 문제는 신이 존재하는 곳을 인간의 내면으로 이해하는 인간중심적 내면화와 자기초월적인 그리스도의 내면화를 결합하는 관계를 통해 인간 존재 뿌리의 일치를 이뤄내야 하는 과제를 지닌다.

그런데 현대의 일부 철학자들은 『죽음에 이르는 병』의 제1부인 「죽음에 이르는 병은 절망이다」에서 언급하는 신과, 제2부인 「절망은 죄이다」에서 언급되는 하나님을 구분해서 해석하려 한다. 제1부의 신을 곧바로 그리스도교의 하나님으로 염두에 둘 필요가 있느냐는 것이다. 제1부에서의 신의 개념은 자기 이해에서 출발하고 있기 때문이다. 키에르케고어를 연구하는 현대 철학자들은 자유의 존재로서의 인간에 주목함으로써 키에르케고어 철학과 기독교 신학 사이에 차별화를 꾀하려 하는 것이다.

---

38 키에르케고어, 『죽음에 이르는 병』, 199.

3. 불안에 얽매인 자유의 회복인 '반복'

키에르케고어에 따르면, 인간은 내면적 차원과 초월성의 차원이 접촉하는 순간 속에서 살아가기 때문에 실존적 불안이란 심리적 기분 속에 처해 있게 된다. 그가 실험적 심리학이라 밝히고 있는『반복』은 그러한 두 지점이 교차하고 있는 영역에 설정된 범주이다. 더욱 엄밀하게 말하면, 반복 개념은 상기를 진리의 첩경으로 내세우는 고대 그리스 형이상학의 한계를 인식시켜주면서 그리스도교적 실존으로 이행하려는 지점에서 정립된 것이다. 그렇기 때문에『반복』에서는 심미적·윤리적 실존에서 종교적 실존으로 이행하는 작중인물의 이야기가 진행되고 있다. 그러나『반복』에서는 심미적 실존과 윤리적 실존이 초월성의 종교적 실존과 관계하며 그것이 얼마나 불안정한 실존의 상황인가를 보여주고 있다.

키에르케고어는 1843년 5월 그의 연인이었던 레기네 올젠(R. Olsen)과의 파혼 직후 베를린으로 떠나 그곳에서『반복』을 완성했다. 자신의 내밀한 사랑의 체험과 밀접하게 관련되어 있는 이 저작은 콘스탄틴 콘스탄티우스(Constantin Constantius)라는 필명으로 출간된다. 키에르케고어가 반복의 개념을 철학적 계기로 사용하게 된 동기는 구약성서 중의 인물인 욥의 신앙 행실에 나타난 자아의 재발견에서 찾을 수 있다. 욥은 신과 갈등하지만 신을 더욱 강렬하게 체험하면서 자아의 재발견을 성취한다.『반복』의 후반부에서 작중인물인 청년은 '나는 누구입니까?'라고 절규하며 자신의 실존에 대해 고뇌하지만 욥의 이야기를 통해 자신의 내면적 자유를 회복하는 것으로 그려져 있다. 유신론적 입장으로 해석하는 키에르케고어의 견해를 따르면, 진정한 자아가 형성되지 못해 겪는 불안과 절망으로부터 벗어나기 위해서 신과의 관계는 필수적이다. 초월적인 신과의 올바른 관계를 구하는 궁극적 목적은 불안과 절망에 결박된 자유를 회복하는 것이기 때문이다. 반복의 성공은 내재성과 초월성의 관계 맺음을 통해 성립되고, 이에는 무, 실존, 죄의식, 믿음 모두가 함께 작용한다.[39] 이런 설명은 왜 반복이 불안의 개념과 긴밀하게 연관되어 있는지를 명확하게 설명해준다.

이처럼 키에르케고어는 『반복』이라는 개념을 통해 자유의 회복에 대한 고민을 담고 있다. 그러나 그 내면적인 동기에 있어서는 그의 파혼의 비극과 이후 재결합의 가능성 집착을 극복하기 위해서였다.[40] 이런 이유로 그는 『반복』의 초반부에서 사랑의 반복이 가능하다는 것을 확신하며 감성적인 미학적 반복에 치우친 행복한 어떤 실존을 시도한다. 그렇지만 심미적인 실존단계에서는 그런 실존에 도달하지 못한 채 끝을 맺고 후반부에서 종교적 해법을 통해 충만함이 가득한 실존에 도달하려 하는 것이다.

콘스탄티우스라는 서술자가 작중인물인 한 우수에 찬 청년을 관찰하는 것으로 전개되는 『반복』은 키에르케고어의 문학적 정취가 넘쳐나는 저작이다. 콘스탄티우스는 심미적 경향을 지닌 산문가인 반면, 이름이 밝혀지지 않는 이 어떤 청년은 정열적이고 감정적인 매력을 지닌 시인이다. 콘스탄티우스는 시인인 청년을 관찰하고 해석하는 산문가로서 그와 다른 능력을 지닌다. 이 두 인물들은 각기 현실적인 산

---

39 키에르케고어, 『반복/현대의 비판』, 임춘갑 옮김(서울: 도서출판 치우-), 48.

40 G. Malantschuk, Kierkegaard's Thought, trans. by Howard V. Hong, 232ff. ; Anna Paulsen, Soren Kierkegaard, s. 124ff. 강학철, 『무의미로부터의 자유』(서울: 동명사, 1999), 72에서 재인용.

문 작가와 종교적 성향을 지닌 시인이 대립되는 모습을 보이지만, 작가 키에르케고어 자신의 상반되는 두 자아를 반영하며 서로 연결되기도 한다.[41] 여기서 우리는 키에르케고어에게 자기 자신이 아닌 타자(他者)에 대한 개념이 형성되어 있음을 알 수 있다. 윤리적 실존을 대변하는 청년은 콘스탄티우스가 창조한 타자이자 허구적 피조물인 동시에 키에르케고어의 분신인 셈이다. 키에르케고어는 허구적 인물인 타자와의 대화를 통해 레기네 올젠과의 사랑의 체험으로 생긴 자신의 이면을 들여다보고 있는 것이다.

반복과 상기의 차이점

『반복』의 서두에서 콘스탄티우스는 '인생은 반복이다'라는 기본 주제를 제시하며, 관찰자 콘스탄티우스와 청년 사이의 대화를 통해 반복에 대해 성찰하기 시작한다. 그리스인들이 상기라고 부른 것과 대조시켜 제시되는 이 명제는 "반복의 사랑만이 유일하게 행복한 사랑"이라는 명제로 진행된다. 앞부분은 콘스탄티우스의 수기(手記)로 구성되어 있다. 콘스탄티우스는 "불성실한 선장인 희망"[42]이 던져주는 불안이나 회상의 비애와 달리, 반복은 순간의 행복을 지켜주는 확실성이 있다고 말한다. 이런 그의 견해는 청년의 연애사를 결부시키며 보다 구체적으

---

41 장항균, "종교적 예외의 반복에서 미학적 창조의 반복으로: 키에르케고어와 니체의 반복 개념 연구", 「카프카연구」 19, (2008), 235.

42 우리가 밧줄에 끌려가는 기회를 이용하는 것까지는 좋지만, 자신의 배에다 희망을 실어서 떠나보내는 일을 허락해서는 안 된다. … 왜냐하면 희망은 불성실한 선장이기 때문이다(키에르케고어, 『이것이냐 저것이냐』, 1권, 519).

로 성찰된다. 청년은 시인의 말을 빌려 그가 사랑하는 처녀와의 사랑이 지닌 불안과 환희에 대해 이야기한다. 그는 이미 사랑을 시작한 첫날부터 그 처녀를 그리워하며 애태워 한다. 사랑을 시작한지 얼마 지나지도 않았는데 벌써 사랑했던 순간을 회상하며 우울함에 젖어들곤 하는 것이다. 콘스탄티우스에 따르면, 사랑의 초기 단계에서 나타나는 이러한 열정적 기분은 분명히 진정한 사랑의 표징이다. 그렇지만 『반복』의 개념과 연관된 진정한 사랑을 충족시키기 위해서는 반어(反語)적인 탄력성을 지녀야 한다. 이런 반어를 통해서만 사랑은 그것의 탄력성을 잃은 감성의 죽음에서 벗어나 생명력 있는 삶을 회복시켜 줄 수 있다는 것이다. 감성의 죽음은 열정이나 변화 또는 혼란에 대한 무언가에 무관심한 것이다.

반복과 상기는 동일한 운동이다. 단지 방향이 반대라고 하는 점이 다를 뿐이다. 즉, 상기되는 것은 이미 있었던 것이고, 따라서 그것은 뒤를 향하여 반복되지만, 진정한 반복은 앞을 향하여 반복된다. 그러므로 반복은, 만일에 그것이 가능한 경우라면, 사람들을 행복하게 하지만 상기는 사람들을 불행하게 한다.[43]

사랑하는 시간이 두 주 남짓한 시간밖에 지나지 않았지만, 청년은 콘스탄티우스에게 이미 그녀를 더 이상 사랑하지 않으며 자신은 단지 그녀에 대한 그리움에 집착하고 있을 뿐이라고 말한다. 그 젊은 처녀는 그의 애인이 아니었고, 그녀는 그의 안에 시적인 것을 눈뜨게 하여,

---

43 키에르케고어, 『공포와 전율/반복』, 232.

그를 시인으로 만든 동기에 불과하였던 것이다.[44] 이제 그녀는 청년에게 시적 상상력을 불러일으키도록 작용하는 심리적 계기에 불과하다는 것이다. 청년은 그녀를 사랑의 여신(女神)으로 이상화시키면서 그것에 집착하기 때문에 그녀에 대한 기억은 언제까지나 생생하다. 여기서 청년이 집착하는 그녀에 대한 기억은 이미 현실에서 이상으로 이동되어 나타난 허구적인 것이다. 이처럼 사랑의 대상인 처녀를 이상화시킨다는 것은 두 남녀의 관계가 추억 속에서만 존재하게 되기 때문에 그녀는 현실적 실체가 없는 것으로 되어 버린다. 이제 청년에게 그녀가 현실세계에 존재하는지 여부는 아무런 문제가 되지 않는 것이다. 여기서 콘스탄티우스는 청년의 연애사에 등장하는 부재(不在)의 여성을 통해 이상과 현실 사이의 혼란으로 인한 현실 상실의 문제를 제기하고 있다. 청년에게 현실은 사라진 것이다. 청년이 회상을 통해 도달한 그 곳은 자신의 기억이 만든 허상이기 때문이다.

현실에서 부재한 그녀를 향한 사랑은 그에게 깃들인 시상(詩想)의 샘물이 고갈되었을 때만 그를 옥죄어 오고 있는 것이다. 이제 발버둥치며 그녀를 벗어나려 하지만 그녀에게로 녹아들어가는 청년의 처지는 점점 고통스러운 것이 되었다. 그래서 콘스탄티우스는 어떻게 해서든 그의 이런 고뇌를 끝내주려고 대담한 계략을 제시한다. 콘스탄티우스의 제안은 가짜 애인을 만들어 새로운 연애사건을 터트림으로써 그의 마음을 쥐고 있는 그녀를 떠나보내려는 것이다. 그러나 청년은 콘스탄티우스의 제안을 거부하고 사라지면서 콘스탄티우스가 세운 연애사건은 실패한다.

---

44 키에르케고어, 『공포와 전율/반복』, 244.

내면성이 결여된 일반성의 반복

반복은 일반화의 과정이기 때문에 쉽다. 그것은 반복할 정도의 유사성을 지닌 일반성을 가지고 있기 때문이다. 유사성은 반복이 되지만 이것과 유사한 개념인 동등성은 반복되지 않는다. 동등성은 반복되지 않는 유일성을 지니고 있기 때문이다. 그래서 우리는 동등성을 통해 관념적으로 의미가 유사하게 겹쳐져 성립되는 일반성을 진리로 인식하게 된다. 동등성의 반복은 관념일 수밖에 없는 것이다. 그리스인들이 진리를 인식하는 상기는 바로 이러한 동일한 것의 재현이다. 이미 존재하고 있었던 것을 상기하기 때문이다. 동일한 것의 반복인 상기는 가설적인 관념의 반복일 뿐이다. 다시 말하면 상기는 유사성의 질서가 허물어지지 않은 채 동등함을 재현할 뿐인 것이다. 여기서는 유사성의 질서를 벗어나기 위한 타자가 존재하지 않는다. 이런 반복은 키에르케고어가 말하는 반복이 아닌 것이다.

콘스탄티우스의 수기에 나타난 열정적 사랑에 빠진 청년의 연애사는 일반성을 지닌 상기와 유일성을 지닌 반복의 특성에 대한 비교를 이끌어 준다. 키에르케고어에게 반복은 일반성과 대립하는 어떤 단독성이기 때문이다. 가라타니 고진(Karatani Kojin)에 따르면, 외곬으로 이 여자밖에 없다고 생각하는 고집은 키에르케고어가 말하는 반복이 아니라 상기라고 한다. 그는 "특수성이 일반성에서 본 개체성인 데 대해 단독성은 이미 일반성에 속하지 않는 개체성"[45]이라며 유(類)가 가지는 개념적 성질인 일반성과 특수성을 구별하면서 단독성을 일반성에 들어가지 않는 개체적인 것으로 파악한다. 이런 관점에 따르면, 콘

---

45 가라타니 고진, 『탐구 2』, 권기돈 옮김 (새물결, 1998), 12.

스탄티우스가 실연한 청년에게 '여자는 또 얼마든지 있잖아!'라고 위로하기 위해 또 다른 애인을 만들어주는 것은 부당한 것이 된다. 청년이 사랑하는 그 여자는 결코 여자라는 집합에 속하지 않기 때문이다. 콘스탄티우스는 여자를 단독성이 아니라 여자라는 일반성 속에서 보는 것이기 때문에, 한 처녀에 대한 청년의 열정적인 기분을 이해하지 못하는 인물이라 할 수 있다. 그렇지만 콘스탄티우스는 그렇게 위로할 수밖에 없을지도 모른다. 실연의 상처를 치유하려면 결국 이 여자를 단지 유(일반성) 속의 한 명으로 간주해야 하기 때문이다.[46] 게다가 어떤 구체적인 한 여자에게 집착하는 사랑은 그것의 단독성과 무관한 측면이 있다고 한다. 플라톤이 말했듯이 "에로스란 일반성(이데아)에 대한 사랑"[47]이기 때문이다. 그렇기 때문에 콘스탄티우스에게 청년이 보여주는 여자에 대한 애착은 상기에 지나지 않는 것이다. 청년의 사랑은 처음부터 상기를 통한 회상의 사랑이었기 때문이다. 콘스탄티우스는 자신이 그 청년의 연애사를 끄집어 낸 이유는 회상의 사랑이 인간을 어떻게 불행하게 만들 수 있는지를 설명하기 위한 것이라고 말한다. 그리고 그는 젊은 청년이 반복의 진정한 의미를 이해하지 못했고 믿지 못함으로써 자신의 운명을 불행에 빠트렸다고 안타까워한다.

만일 그 청년이 반복을 믿고 있었다면, 그에게는 얼마나 눈부신 것들이 생산되었을까? 얼마나 그는 심오한 내면성에 도달했었을 것인가?[48]

---

46 가라타니 고진, 『탐구 2』, 15.
47 가라타니 고진, 『탐구 2』, 15.
48 키에르케고어, 『공포와 전율/반복』, 259.

그리고 콘스탄티우스는 청년이 왜 행방불명되었는가를 이해하지 못한 채 반복에 대한 자신의 생각을 확인하고 반복의 가능성을 실험하기 위해 베를린으로 여행을 감행한다. 베를린에 도착하자마자 그는 반복이 어느 정도까지 가능한가를 확인하기 위해 자신이 예전에 묵었던 숙소를 방문한다. 그렇지만 그 집주인이 결혼하고 나서 집의 분위기가 많이 변해 있었다. 그는 예전에 체험한 즐거움만큼은 영속될 것이라 기대하고 베를린의 제도극장에서 상영되는 소극론(笑劇論)을 펼친다. 무언극의 형태로 풍자와 해학을 지닌 소극의 체험을 통해 반복에 대한 의미를 발견하려 한 것이다. 그런데 그가 완벽한 희극배우라 평가하는 벡크만이 펼치는 재주 역시 더 이상 그에게 즐거움을 선사하지 못한다. 그것마저도 반복되지 않다니! 베를린에 체류하는 동안 체험했던 모든 것들은 그대로의 머물러 있는 모습이 아니었던 것이다. 콘스탄티우스가 자신을 냉철한 관찰자로 간주하고 반복에 대한 새로운 의미를 발견하려는 실험적 시도는 실패로 돌아간 것이다. 그래서 그는 반복이 불가능하다는 사실을 깨닫고 반복에 대한 이전에 지녔던 견해를 철회한다.

체험하는 주체의 상태와 관계없이 이전의 체험이 동일하게 회상된다고 간주하는 반복을 들뢰즈(Gilles Deleuze)는 "자연법칙적 반복"[49]이라 말한다. 자연법칙적 반복을 획득하려는 모든 노력은 미학적(감성적)

---

49 키에르케고어는 자신이 자연 안의 반복에 대해, 순환 주기나 계절들에 대해, 교환이나 동등성에 대해 결코 말하는 법이 없다고 천명한다. 오히려 이렇게 언급한다. 반복이 의지의 가장 내면적인 것에 해당한다면, 이는 모든 것이 자연법칙에 부합하되 의지의 주변에서 변화하기 때문이다. 자연법칙에 따르면 반복은 불가능하다. 자연법칙적 반복을 획득하려는 모든 노력을 미학적(감성적) 반복이라 부르며 비난한다(질 들뢰즈, 『차이와 반복』, 김상환 옮김 [민음사, 2004], 36).

반복이기 때문이다. 콘스탄티우스는 반복을 예전에 베를린에서 자신의 마음속에 깃들어 있었던 체험에 대한 회상을 되살려 주는 재생산되는 것으로 인식한 것이다. 그가 반복의 실패를 경험한 것은 내면성이 결여된 심미적 입장에 있었기 때문이다. 들뢰즈의 표현에 따르면, 콘스탄티우스가 발견하려는 "반복은 하나의 일반성의 질서에서 다른 일반성의 질서로 향하는 이행 안에서만 나타난 것"[50]일 뿐이다. 이런 반복은 상기이며 동일한 것의 재현인 것이다.

단독성의 개념인 반복

키에르케고어에게 있어서 반복은 모든 형식의 일반성에 대립하는 위반이고 예외적인 단독성을 지향한다. 이런 단독성은 신과 직접적으로 대면하는 실존가의 특성을 규정한다. 키에르케고어는 개체가 지닌 단독성을 다수가 지닌 특수성으로 대체하려는 사고와 대립하는 것이다. 이런 키에르케고어의 반복 개념을 인용한 들뢰즈도 그의 주저 『차이와 반복』에서 "반복은 해학과 반어에 속하는 사태이다. 반복은 본성상 위반이고 예외이다"[51]라고 말한다. 반복은 보편적인 법칙을 만드는 일반성에 반하는 것이기 때문이다.

단독성은 오성이 사유할 수 없는 초월성과 관계되는 개념이다. 잠적한 청년이 콘스탄티우스에게 보낸 일곱 통의 편지로 구성되어 있는 『반복』의 두 번째와 세 번째 부분에서는 이러한 논의가 담겨 있다. 두

50　들뢰즈, 『차이와 반복』, 30.
51　들뢰즈, 『차이와 반복』, 34.

번째 편지에서는 불안과 절망에 속박되어 있는 청년의 고뇌가 절절이 배어난다. 특히 세 번째 편지에서 청년이 대지에다 손가락을 꽂고 "나는 누구입니까?"라고 절규하는 모습에서는 자신의 실존에 대한 강한 의문을 던지고 있음을 볼 수 있다. 청년은 일반성 또는 집합에 속해 있는 자신이 아닌 단독성의 상태인 자기 자신을 추구하고 있는 것이다. 청년이 콘스탄티우스가 제시한 가짜 연애사건을 받아들일 수 없던 이유도 이러한 구체적 실존에 대한 인식이 내포되어 있었던 것이다.

> 저는 어디에 있는 것입니까? 세계? 세계란 무엇을 하는 것입니까? 세계라는 이 말은 무엇을 뜻하는 것입니까? 나를 속여서 이 세계 속으로 끌어넣고는, 이렇게 버려둔 자가 누구입니까? 나는 누구입니까? …어떻게 해서 나는, 사람들이 현실이라고 부르는 이 대기업의 일원이 되었을까요? [52]

청년은 자신이 사귄 처녀와 계속 사귈 수도 헤어질 수도 없는 상황에서 도피를 택한 것이었다. 그는 자신이 어떤 선택을 하든 사회적으로 기만적인 행위로 비쳐질 수밖에 없는 곤경에 처했던 것이다. 진퇴양난의 상황에서 무작정 외지로 도피할 수밖에 없었던 그에게 정신적 위로가 된 것은 구약성서에 나오는 욥의 이야기였다. 청년은 자신의 고뇌를 윤리적인 과오로서가 아니라 종교적 시련으로 생각하고자 하는 것이다. 〈욥기〉의 주인공 욥은 아무런 까닭 없이 고통 속에 빠지는 수난자이다. 평상시 의롭게 살아오던 욥은 어느 날 많은 자식들과

---

52 키에르케고어, 『공포와 전율/반복』, 349.

재산을 모두 잃고 자신마저 병마에 시달리는 고난에 직면한다. 자식을 잃은 욥에게 '자식이야 또 낳으면 되잖아'라고 말한다면 사려 깊지 못한 말이 될 것이다. 죽은 자식들은 일반적인 아이가 아닌 욥의 자식으로서 아이이기 때문이다. 그래서 욥은 돌변하여 그가 믿고 매달렸던 하나님께 불평을 털어놓으며 무한한 항의를 표한다. 욥의 절규는 실존의 근원에 대한 저주이면서 동시에 하나님과 자기 자신 사이의 존재론적 차이를 극명하게 드러낸다. 욥이 신의 일반적인 법칙에 들어가는 순간 욥이라는 개체적 인간의 자유는 비자유가 되기 때문이다. 그래서 욥은 자신이 처한 상황의 부조리한 의식을 통해 인간의 자유로 무한한 항의를 표시하는 것이다.

욥은 신의 시험으로 고난을 겪게 되며 신에게 항거하면서도 신에 대한 믿음을 저버리지 않은 채 신만이 모든 문제를 해결해줄 수 있다는 신의 전능함을 받아들인다. 마지막에 이르러 신은 욥을 예외적인 삶을 사는 인간으로 선택하면서 욥에게 죽은 자식들과 같은 숫자와 더 많은 재산을 되돌려 준다. 사실 욥은 도덕적인 잘못과는 아무 관계가 없다. 그렇지만 새로운 가족을 보상받아 죽은 자식을 되찾을 수 있다는 것은 부조리하다. 자식은 대체 불가능한 것이기 때문이다. 그렇지만 역설적으로 보면, 욥은 반어적인 방법으로 기존의 도덕법칙을 문제 삼고 일반성의 법칙을 퇴출시키고 있는 것이다. 욥의 이야기에 나타난 부조리에 대한 의식은 가장 예외적인 것의 보편성을 획득한다. 위반이나 예외인 것과 갈등하면서 보편성을 획득한다는 것은 역설이다. 이런 역설은 욥이 신과의 갈등 속에서도 더욱 종교적으로 전진하게 되는 종교적 예외의 반복이라는 개념을 성립하게 한다.

청년은 자신이 무고함을 항거하였던 욥의 경우와 같이 자신의 과오를 일반성을 기준으로 하는 도덕적인 잘못으로 간주하지 않으려 한다. 청년은 자신이 처한 고뇌를 종교적 시련으로 파악함으로써 극복하려 하는 것이다. 들뢰즈는 키에르케고어의 이런 반복의 특징을 "반복을 도덕법칙에 대립시키기"[53]라고 말한다. 키에르케고어는 반복을 이미 전제된 도덕법칙을 넘어서는 어떤 힘과 결부시키면서 일반성으로 통합되지 않는 단독성과 관련짓는다. 이런 단독성은 키에르케고어가 강조하는 "단독자"의 개념으로 이해될 수 있는 것이다.

키에르케고어는 진정한 『반복』의 개념을 통해 행복한 어떤 실존을 시도하지만 그것에 도달하지 못한 채 끝을 맺는다. 그가 작품의 초반에서는 사랑의 반복이 가능하다는 것을 확신하며 감성적인 미학적 반복에 치우쳤지만, 나중에 레기네 올젠이 다른 사람과 약혼한 사실을 알게 되면서 『반복』에 상당한 수정을 가하면서 구성적 측면에서도 반복의 개념에 대한 전체적인 내용에 일관성이 부족하게 된다. 작품의 마지막인 세 번째 부분은 앞의 두 부분과 통일성이 부족하다. 다른 남자와 새로 약혼한 레기네 올젠에 대한 신랄한 비난이 표현되어 있기 때문이다. 청년의 애인도 다른 남자와 결혼한다. 충격적인 소식이었지만, 청년은 자신이 자유를 되찾았다고 말한다. 이로 인해 들뢰즈는 말하기를, "키에르케고어는 우리에게 모든 미학적 반복을 극복하고 반어뿐 아니라 해학(諧謔)조차 극복해야 한다고 말하지만, 단지 그런 극복의 미학적, 반어적, 해학적 이미지만을 보여주고 있을 뿐이라는 사실을 뼈저리게 알고 있다."[54] 키에르케고어는 다른 종류의 반복을 뒤

---

53 들뢰즈, 『차이와 반복』, 37.
54 들뢰즈, 『차이와 반복』, 46.

섞여 버리는 것과 같은 문제를 드러내고 있다는 것이다. 이런 문제는 『반복』의 중심내용이 그의 애인이었던 레기네 올젠과의 사랑의 소산이었기 때문에 나타나는 것이다.

상기를 통한 산파술이 자기 자신 안에서만 수행되는 내면화의 변증법에 머무르는 것이라면, 반복은 신의 섭리를 절대적으로 받아들이는 대신 그것과 인간의 자유와의 갈등 속에서 반어적 정신을 통해 신을 열정적으로 체험하며 재발견되는 어떤 자아의 성취를 이끄는 것이다. 반복은 불안과 절망으로 뒤덮여 있는 자유의 회복을 의미하기 때문이다. 자기 자신을 넘어서는 초월적인 존재와 연관되는 반복의 운동은 키에르케고어의 종교적 실존으로 이행하는 계기가 된다. 그렇지만 『반복』의 후반부에서 청년은 자신이 겪는 내적 갈등을 충분히 조율하지 못한 채 황급히 종교적으로 전진하기 때문에 자신을 무한히 확장시키는 반복이라는 실존개념은 더 이상 발전을 이루지 못한다. 심미적·윤리적·종교적 실존 사이의 관계가 원활하게 종합을 이루지 못한 상태에서 신을 대면하기 때문이다. 그래서 들뢰즈는 주저에서 키에르케고어의 반복을 인용하면서도 그것을 "신앙극"이라고 평가하는 것이다. 키에르케고어의 반복의 개념은 단독성이 전제된 인간 개별자가 어떻게 실존적 자유를 획득하는가와 연관되어 이후의 저작인 『불안의 개념』에 다시 등장한다. 반복은 불안을 경유한 자유의 회복을 추구하기 때문에 자유와 상보적 관계를 이루기 때문이다.

2장

근본적 불안

키에르케고어에게 정신은 곧 자기이기 때문에 불안을 인간의 정신과 관련시킨다. 그는 자기를 소유하고 있음을 깨닫게 하는 정신의 운동을 '자기관계'라고 말한다. 자기관계를 이루지 못하는 정신의 침체 상태는 자기상실과 자기소외라는 심각한 실존적 상황을 초래한다. 이로 인해 야기되는 것이 근원적 불안이다.

인간 내면의 복잡하고 헤아릴 수 없는 저 깊은 심연에서 모든 개인이 제각기 맞닥뜨릴 수밖에 없는 기분이 불안이다. 이런 불안은 죄를 짓기 이전의 평화와 안식의 상태인 순진함에서 출발한다. 맑고 깨끗한 순진무구함의 상태인 순진함은 처음으로 불안이 출현하는 상태이며, 다른 형태의 불안을 분석하기 위한 중요한 첫 지점이다. 순진함의 상태에서 만나는 불안은 장차 자기의식이 깨어날 때 뒤따를 자유를 예감하는 자신의 가능성에 대한 불안이다. 순진함으로서의 불안은 자아가 아직 완전히 자리를 잡지 못한 상태에서 발생했기 때문에 『죽음에 이르는 병』에서 안티-클리마쿠스가 논의하는 불안보다는 낮은 단계의 불안이라고 할 수 있다.[1] 순진함의 상태에서의 불안은 정신이 전제되지만, 자기와 관계 맺는 것을 실패하는 절망 이전에 다가오는 것이다.

키에르케고어는 죄라는 현상에 주목하면서 불안을 논의하기 시작한다. 죄를 짓기 이전의 상태인 순진함으로서의 불안과 마찬가지로 이제까지 죄가 어떻게 세상에 침투해 왔는지에 대한 이해를 본래적으로 각 개별자의 삶에서 찾아야 되기 때문이다. 그래서 비길리우스 하우프니엔시스는 불안이라는 심리적 기분에 대한 논의를 진행하기 위해 교의학과 심리학 그리고 윤리학의 경계를 정한다. 그리고 그러한 각각의 영역으로부터 불안과 연관 있는 개념들의 관계를 그려보는 것이『불안의 개념』이라는 저작의 서론과 첫 번째 장의 주요 과제가 된다. 원죄에 대한 기분을 윤리학적 죄책감이나 심리학적 상태로 축소시킬 수 없기 때문에 윤리학은 교의학의 도움을 받아서 원죄를 설명할 수밖에 없다. 비길리우스 하우프니엔시스는 윤리학의 의미들을 나누는 것이 필요하다고 밝히며, 전통적인 제1의 윤리학과 실존의 윤리학으로 제2의 윤리학을 구분한다. 제2의 윤리학은 개별자가 어떻게 불안을 경유하는 자유를 회복할 수 있는가의 문제와 연관된 반복의 개념을 그 본질로 제시하기 때문이다.

엄밀하게 말하면, 죄지음으로 인한 타락 이전의 "꿈꾸는 상태의 정신"인 순진함의 상태에서는 성적인 것(性慾, sexuality)이 존재하지 않는다. 그렇지만 인간이 성적인 욕망을 거치지 않으면 자기를 파악하려는

---

1 Karl Verstrynge, "'Anxiety as Innocence': between Vigilius Haufniensis and Anti-Climacus," Kierkegaard Studies Yearbook 2001 (Walter de Gruyter, 2001), 156.

끊임없는 정신의 운동은 이루어질 수 없다. 성적인 차이가 분명해지는 순간은 정신이 자기 자신을 자각하는 순간이다. 이것을 가능하게 하는 것이 바로 불안이라는 심리적 기분이다. 그런데 성적인 욕망을 거치며 정신이 성적인 것을 자신의 일부로 간주하게 되는 상태에서 불안은 더욱 증가하게 된다.

순진한 상태에서 불안은 자유가 가능성으로 그것을 드러내기 이전에 생겨나는 것이다. 순진한 상태에서 개인은 결코 자유를 가져보지 못했기 때문에 부자유의 상태나 다름없는 자유에 처해 있는 것이다. 그러나 타락을 통해서 자유가 더 이상 단지 가능성이 아닌 현실성으로 나타날 때, 부자유 또한 실제적으로 그 모습을 나타낸다. 그래서 죄지음과 더불어 나타나는 불안은 "얽매인 자유"로 일컬어지는 것이다.

1. 불안이라는 심리적 기분

불안이라는 심리적 기분은 우리에게 내재되어 있는 다른 기분들을 관계시키며 내면으로서 우리의 실존을 경험하게 한다. "죄는 갑작스러운 것으로, 어떤 비약에 의해서 세상에 들어온다."[2] 자신 안에 가지고 있는 이런 가능조건으로서 죄에 대응하는 심리적 기분이 불안이다. 죄를 불러오는 질적 도약은 인간이 죄를 저지를 수 있는 존재적 가능

---

2 키에르케고어, 『불안의 개념』, 32. (이 문장은 임규정의 번역본에 빠진 내용이기 때문에 영문판을 참조하여 인용함).

조건이다. 죄는 어떠한 일련의 행동이나 감정에 대한 중립적인 묘사가 아니다. 따라서 인간 내면에 있는 적당한 기분을 발전시키는 것은 죄의 의미를 붙잡는데 본질적이다.[3] 이처럼 비길리우스 하우프니엔시스는 불안과 같은 참된 기분에 대한 이해 없이 원죄에 대한 교리가 제대로 이해될 수 없다고 설명한다.

비길리우스 하우프니엔시스는 전통적 원죄 개념과 최초의 죄와의 차이를 분석하며 교의학과 심리학의 연관관계를 알아냈을 때 교의학에 내재되어 있는 윤리학의 관계를 발견한다. 불안이라는 심리적 기분은 각각의 개념들에 내재된 고유하고도 생생한 특성들을 잘 드러내주기 때문이다. 교의학은 인간이 본성적으로 죄스러운 존재라는 점에서 출발하지만, 심리학은 무엇인가를 캐내는 '끊임없는 관찰'의 기분인 반감적 호기심의 상태에서 죄를 들여다본다. 그러나 심리학은 인간이 죄를 짓게 하는 선행된 심리적 상태를 찾을 뿐 죄가 어떻게 발생할수 있는지는 다룰 수가 없다. 윤리적인 것이 나타나기 전에 이런 상태가 모든 사람에게 어느 정도 발생할 수 있다는 것 또한 확실하다.[4] 죄는 윤리학에 속하는 것이지만, 죄 자체에 대한 반성 없이 죄를 전제하는 윤리학은 죄를 설명할 수 없다. 그래서 비길리우스 하우프니엔시스는 죄라는 현상이 본래 그 어떤 학문에도 속해 있지 않다고 설명하는 것이다.

실존적 인간에게 죄는 내면화의 과정 속에서 나타나는 역동적인 실존 운동의 결과이다. 그런 운동은 지성적 사유로는 파악할 수 없는 초

---

3 Barrett, "Kierkegaard's 'Anxiety' and the Augustinian Doctrine of Original Sin," 44.

4 키에르케고어, 『불안의 개념』, 103.

월과 관련을 맺고 있기 때문에 형이상학에서는 죄를 붙잡을 수 없는 것이다. 돌발적으로 인간을 미지의 가능성의 상태로 접어들게 하는 운동은 비길리우스 하우프니엔시스에게는 하나의 초월이다. 초월은 현재에서 미래로 개입할 수 있는 가능성을 열어 둔 것이며 도약의 순간이다. 이처럼 앞으로 도래할 가능성 앞에서 느끼는 불편한 감정인 현기증이 불안인 것이다. 키에르케고어는 가능성을 구체적인 인간 존재의 특징으로 규정하기 때문이다. 그런데 추상적인 내재성에만 머물러 있는 논리학에서는 초월이 막혀 있기 때문에 죄에 상응하는 심리적 기분이 변질되는 것이다. 윤리학도 초월이라는 운동을 갖지 않으면 논리학일 뿐이다. 그렇기 때문에 내재적인 학문인 형이상학을 전제로 하는 전통적인 제1의 윤리학은 모순을 드러낸다.

제1의 윤리학은 사유(思惟)가 현실과 관계하지 않은 채 스스로 구축해 놓은 관념성을 곧바로 현실성으로 변화시키고자 한다. 고대와 중세 시대에서는 사유가 실재성을 지니고 있다는 생각이 보편적이었지만, 그것이 현대에 이르러서 이미 의심스러운 가정이 되어버리지 않았던가? 제1의 윤리학은 그것이 추구하는 절대적 도덕 법칙에 다른 현상적인 것이 뒤섞이면 안되기 때문에 자신과 상이한 범주들을 받아들일 수가 없다. 이것은 자신의 관념성을 실천시키도록 무엇인가를 끊임없이 요구하고 관념적으로 설정된 과업이 자신의 요구에 맞는지 심판하도록 윤리적 규범을 분석한다. 그런데 윤리학의 과제를 실현시키려는 과업에서 죄가 개인을 훨씬 넘어서는 전제로 나타난다면, 제1의 윤리학은 죄에 대해서 백기를 들 수밖에 없다. 제1의 윤리학이 이해할 수 없는 지점에서 원죄에 대한 어떤 낯선 범주가 나타난다면 윤리학은 원죄를 설명할 수 없기 때문이다. 그래서 비길리우스 하우프니엔시스는 그가 심미적 차원이라고 간주하는 사변철학에서 죄를 다루면 죄에 상응하는 분위기가 변질되기 때문에 죄라는 현상을 아무리 멋지게 다루어도 유희일 뿐이라고 강조하는 것이다.

제1의 윤리학은 단독자의 죄성에 부딪쳐 난파되었다. 그래서 제1의 윤리학은 이 죄성을 설명하는 것은 고사하고, 더욱 심각하고 윤리적으로 풀기 힘든 수수께끼와도 같은 어려움에 빠져버렸다. 왜냐하면 개인의 죄가 전 인류의 죄로 확산되었기 때문이다.[5]

제1의 윤리학은 죄를 범할 수 있는 가능성인 죄성을 개인 자신의 바깥에서 그 근거를 두기 때문에 원죄를 설명할 수 없다. 반면에 제2의 윤리학은 초월이라는 역설을 설명할 수 있는 교의학의 도움을 받아 죄가 개인 안에서 어떻게 발생할 수 있는지 설명할 수 있다. 비길리우스 하우프니엔시스가 생각하는 제2의 윤리학은 '현실성에 대한 과제'를 지닌 학문이다. 여기서 실존적 인간이 접하는 구체적인 현실은 아직 파악되지 않은 것으로 간주된다. 현실성에 도달해야 한다면 실존적 운동은 현실에서 관념의 방향으로 전개되도록 그 관계가 역전되는 것은 피할 수 없는 요청이 된다.

"근세철학은 전혀 운동을 하지 않는다. …그리고 근세철학이 운동을 한다고 해도, 그 운동은 항상 내재(內在)에 그친다. 이와는 반대로 반복(反復)은 초월이고, 또 항상 그렇다."[6] 키에르케고어는 반복이라는

---

5 키에르케고어, 『불안의 개념』, 113.
6 키에르케고어, 『공포와 전율』, 326.

개념을 실존적 범주의 위치에까지 올려놓는다. 여기서 반복은 일상적 삶에만 매몰되어 있는 기계적인 반복이 아니라 자신에게 무한히 열려 있는 가능성을 찾아 미래로 방향을 유지하는 정신의 운동이다. 상기는 이교적인 인생관이고, 반복은 현대적인 인생관이다.[7] 이 함축적인 문장은 제2의 윤리학의 본질을 잘 설명하고 있다. 비길리우스 하우프니엔시스에 따르면, 제1의 윤리학은 '이교적'이라고 부를 만한 학문이지만, 이와 달리 "제2의 윤리학은 초월이나 반복을 본질로 하는 학문의 그 모든 것을 의미하는 것으로 이해할 수 있을 것"[8]이라고 강조한다.

제2의 윤리학의 과제는 그것이 현실성을 지닌 실존의 윤리학으로 올라서는 것인데, 현실성은 비로소 반복이라는 개념과 더불어 처음 제대로 등장한다. 새로운 반복의 시작은 과거 실존과의 내재적 연속성을 통해서 이루어지는 것이 아니고 어떤 초월을 통해서 이루어진다. 반면 제1의 윤리학은 이런 반복의 본질을 이해하지 못하는 형이상학을 전제한다. 제1의 윤리학은 지성적 사유가 스스로 구성한 관념적 현실 속에서 의식적으로 산출한 가상을 다루기 때문에 수수께끼투성이인 인간의 실존을 규명하는데 한계가 있는 것이다. 현실적 대상에 직접 개입하고 질타하며 행위하는 제2의 윤리학만이 죄의 현실성을 다룰 수 있는 것이다. 개별자가 죄를 범할 수 있는 가능성으로서의 죄의 현실성에 대한 깨달음은 인간의 실존이 충돌과 모순 속에 있다는 사실을 인식하는 것이다. 이러한 죄의 현실성 속에서 "실존의 수행 중에" 실존적 인간이 느끼는 죄에 대응하는 심리적 기분이 불안인 것이다.

---

7 키에르케고어, 『공포와 전율』, 265.
8 키에르케고어, 『불안의 개념』, 115.

2. 순진함의 불안

1) 꿈꾸는 정신의 상태와 무(無)의 불안

순진함은 죄를 짓기 이전의 평화와 안식의 상태이며 처음으로 불안이 출현하는 상태이다. 우리는 모두 이런 상태에서 출발한다. 비길리우스 하우프니엔시스는 이러한 순진한 상태를 "꿈꾸는 상태의 정신"이라고 규정한다. 알래스터 해니(Alastair Hannay)에 따르면, 꿈꾸는 영혼에 대한 은유는 당시에 그리 드문 것이 아니었고, 칼 로젠크란츠(Karl Rosenkranz)의 작품 『주관적 정신의 심리학 또는 과학』(Psychology or the Science of Subjective Spirit)에서도 찾을 수 있다고 한다.[9] 이것은 키에르케고어가 읽었던 작품이며, 그것의 제목은 불안의 경계에 대한 의제 형성에 커다란 영향을 끼쳤다고 한다. 또한 알래스터 해니는 이런 표현을 칼 로젠크란츠가 그의 각주에서 불안에 대해 인정한 셸링에게서도 찾을 수 있다고 말한다.

순진함의 상태는 동시에 불안인데, 바로 이런 불안은 무(無, Nichts)[10]에서 비롯된다. 불안이라는 인간의 중심적 정서가 무에서 비롯된다는 인식은 키에르케고어 철학의 독특한 본질을 이룬다. 키에르케고어 자신의 내밀한 정서를 형성한 우울한 성장과정과도 어느 정도 관련이

---

9 Alastair Hannay, Kierkegaard, A Biography (Cambridge: Cambridge University Press, 2001), 218.

10 키에르케고어를 사로잡은 불안은 무에서 비롯되는 존재론적 불안이다. 그는 이런 불안을 무의 불안이라고 부른다. …키에르케고어 철학에 체계가 들어설 여지가 없는 이유도 바로 이 무 때문이다(임규정, "인간의 존재론적 상실을 의미하는 불안의 개념", 『불안의 개념』, [서울: 한길사, 2002], 55).

있는 무에서 비롯되는 불안은 그의 고유한 인간학의 지반을 형성하는 것이다. 그는 기존의 전통적 사유들이 이 무를 다른 어떤 것으로 대치하려고 하면서 실존적 현실은 밝힐 수 없는 수수께끼와 같은 것이 되었다고 주장한다. 전통적인 형이상학이나 논리학과 달리 키에르케고어에게 실존적 상태는 구체적인 현실과 끊임없이 관계를 맺는 정신적 운동으로 지탱되는 것이다. 그런데 무는 운동이 없는 평화와 안식의 상태이다. 이러한 무의 상태는 타락하기 전 아담의 상태와 다름없다. 자신의 자아가 정신으로 자리 잡지 못한 아담에게 자아와 비아(非我) 사이의 뚜렷한 구별은 정립되지 않았기 때문이다. 꿈꾸는 상태의 정신은 아직 내면으로 실존하지 못하는 상태인 것이다.

> 이런 상태에서, 거기에는 평화와 안식이 있다. 그렇지만 거기에는 어떤 다른 것도 또한 있는데 이는 싸움이나 다툼이 아니다. 왜냐하면 거기에는 싸워야 할 대상이 없기 때문이다. 그러면 그것은 무엇인가? 무이다.[11]

이런 무는 순진함의 무지와 생생한 소통을 나누고 있다. 이러한 자족적인 상태인 무는 외부에서 추상적으로 관찰될 수 있는 것이 아닌 대상성이 없는 불안이며, 인식도 지식도 통찰도 아닌 모호한 감정이나 분위기인 어떤 예감들의 복합체이다. 이 예감들을 불안 속에서 내밀하게 관찰할 때 개인의 영혼 안에 무엇이 어떻게 갈등하고 있는지를 볼 수 있게 된다. 그런데 꿈꾸는 정신의 상태를 넘어 자기 의식이 침투해

---

11 키에르케고어, 『불안의 개념』, 159.

들어온 이후의 인간이 겪게 되는 외부로부터의 고통은 인간으로 하여금 때때로 갈등이 없는 자족적인 상태를 추구하게 만들기도 한다. 정신이 부재한 무정신성의 상태를 희구하는 것이다. 그렇지만 어린아이와 같은 미약한 정신으로의 퇴행은 자아와 비아 사이의 구별을 회피하게 만들기 때문에 주체적인 자기를 갖지 못하게 한다. 그렇게 되어 내면성이 증발된다면 내적 대상을 상실하게 되기 때문에 불안은 포착될 수 없다. 불안은 인간이 실존적으로 존재하기 위해 인간 내면에서 무엇이 갈등하고 있는지 관찰하게 하며, 그것들을 조율하도록 이끄는 일종의 근본 기분이다.

정신의 가능성이 성숙해지면서 자아와 비아 사이의 차이가 정립되는 단계에 이르면, 꿈꾸는 상태의 정신에 처해 있는 아담에게도 무엇인가 선택할 수 있도록 현실성이 투영된다. "그러나 정신이 자신의 가능성을 붙잡으려고 하는 순간, 바로 그 순간에 정신의 현실성은 사라져 버린다. 그런즉, 정신의 가능성은 불안을 초래할 수 있을 따름인 일종의 무에 불과하다."[12] 정신의 가능성은 그저 자신을 나타내는 것 이상을 할 수 없지만, 현실을 붙잡아 보려는 불가능한 일을 향해 자신의 정신을 나아가게 한다. 그렇기 때문에 순진함의 상태에서 불안은 꿈을 만들어 내며, 그 앞에서 정신은 불안해 한다. 꿈꾸는 상태의 정신은 곧 불안의 정신이다. 순진함은 미약한 정신에 의해 규정된 일종의 무지인데, 아담에게 울린 금령은 이 무지를 응집된 상태로 만든다. 하우프니엔시스는 하나님으로부터의 금령은 무지를 점점 더 지식의 경계로 가깝게 다가가게 한다고 지적한다. 이제 금령으로 인해 아담에게 순진함

---

12 키에르케고어, 『불안의 개념』, 160.

으로서의 불안의 무는 좀더 높은 표현을 얻는다. 그것은 "할 수 있음 이라는 (아담에게) 두려움을 일으키는 가능성"[13]으로 심화된다. 그러나 금령의 위반에 따른 형벌의 가정은 아담에게 공포의 개념을 일깨워준 다. 이제 그는 무엇이 그를 공포스럽게 했는지에 대한 정확한 이해 없 이 막연한 가능성 앞에서 전율하게 된다.

아담이 '허물 있음'을 세상에 끌어들여서 최초의 죄가 성립되었다 는 것은 원죄에 대한 전통적 개념이고 교의학의 인식이다. "아담이 허 물에 의해서 순진함을 상실한 것처럼 다른 사람들도 모두 같은 경로 를 통해서 순진함을 상실한다. 만일 아담이 순진함을 상실한 것이 허 물에 의한 것이 아니었다면 그가 상실한 것은 순진함이 아니었을 것 이다."[14] 그러나 하우프니엔시스는 이런 인식에 의해 아담이 너무 공 상적으로 역사 바깥에 놓여지게 되면 순진함의 상실은 설명할 수 없 게 된다고 한다. "그렇지만 순진함은 오직 죄에 의해서만 상실될 뿐이 다. 사람들은 모두 본디 아담이 순진함을 상실한 것과 똑같은 방식으 로 순진함을 상실한다."[15] 일반 사람들과 마찬가지로 아담은 그 자신 인 동시에 인류 전체이기 때문이다. 아담에 대하여 말하는 것은 동시 에 인류의 한 개인을 설명하는 것이다. 그렇기 때문에 인간 개별자의 최초의 죄는 인간의 타락을 불러왔다는 아담의 최초의 죄와 마찬가지 로 본래적이기 때문에, 어떤 한 개인의 죄지음을 설명할 수 있다면 아 담의 죄지음도 설명할 수 있어야 한다.

---

13 키에르케고어, 『불안의 개념』, 165. (임규정의 번역을 일부 수정함).

14 키에르케고어, 『불안의 개념』, 148.

15 키에르케고어, 『불안의 개념』, 149.

타락에 선행하는 순진함에 대한 논증을 진행하면서 하우프니엔시스는 순진함을 직접성(直接性)과 혼동하는 것에 대해 우려를 표한다. 순진함은 아직 자기 자신을 정신으로 인식하지 못하는 상태인 반면, 직접성의 경우 모든 경험이나 사유가 이성적 사고가 작동하는 논리적 공간의 매개를 통해 이루어지기 때문이다. 헤겔은 직접성에는 반성이 결여되어 있다고 밝히며 '매개된 직접성'[16]을 강조한다. 직접성은 간접성이 나타나는 순간, 이미 그 간접성에 의해 지양된 것이다. 헤겔에게 자기 존재의 질료적 측면인 직접성의 지양에 따른 정신으로의 도달은 매개된 직접성에 의해 가능하기 때문이다. 이러한 헤겔의 의견[17]에 대한 하우프니엔시스의 불일치는 어떤 다른 목적을 지닌다. 하우프니엔시스에게 순진함은 정신의 본질에서 직접적 상태가 지양되어 매개를 통해 간접성으로 나아간다는 인식의 발전과는 달리, 폐기되고 사라져서 비존재로 되는 무언가가 아니라는 것이다. 순진함은 도약에 따른 초월에 의해서만 사라지게 되는 그 무엇이다. 따라서 순진함의 상실은

---

16 "현대 철학의 발견은 우리가 인식·관찰·직관을 통해 모든 것을 투명하게 직접 본다는 직접성이 사실은 직접성이 아니라 일종의 간접성이라는 데에 있다. 인간만이 가지고 있는 이러한 간접성을 헤겔은 '매개된 직접성'이라고 칭한다"(마르틴 하이데거, 『존재와 시간』, 이기상 옮김 [서울: 살림, 2006], 247). 헤겔에게는 인간에게 직접적으로 주어진 것을 그 자체로 수용하는 것이 가장 비철학적이다. …직접성에는 반성이 결여되어 있기 때문에 사고 주체가 자기만의 방식으로 의미를 부여할 수 없으며, …자기 내적 거리는 직접적으로 주어지는 존재에 대해 자기 내적으로 반성함으로써 타자성과 대상성을 떼어내고, 존재를 주관성을 통해 재구성하고 산출하는 사변의 활동을 가르킨다. 직접성에 대한 거리 유지에서 매개성이 발생하지만, 매개성은 다음 단계에서 매개된 직접성으로 나타난다(최신한, 『정신현상학』, [서울: 살림, 2007], 27).

17 인간의 정신이 직접적이어서 정신적으로 아직 계발되어 있지 않을 때, 인간은 그 자신이어서는 안되는 상황, 따라서 그로부터 반드시 벗어나야 하는 그런 어떤 상황 속에 있는 셈이다. 이것이 원죄의 교의가 의미하는 것인 바, 만일 이 교의가 없다면 그리스도교는 결코 자유의 종교라고 할 수 없을 것이다(헤겔, 『법철학강요』, VIII, 54, 키에르케고어, 『불안의 개념』, 146에 있는 임규정에 의한 각주 재인용).

일종의 내재적 운동일 수 있는 직접적 상태의 지양으로 해석할 수 있는 것이 아니라 개인의 '질적 도약'으로 얻어진 초월에 의해 지양되는 것으로 해석되어야 한다.

순진함의 상태는 정신이 아직 완전하게 나타나지 않았고 자아는 여전히 자리 잡지 못해 선택과 결단을 할 수 없는 상태이다. 질적 도약에 의해 죄가 들어오게 되면서 순진함은 상실된다. 타락을 통해 비로소 인간의 정신은 자유로운 선택과 결단의 능력을 발휘하게 되는 것이다.

2) 무(無)의 불안과 셸링의 영향

무에서 비롯되는 순진함의 불안은 대상성이 없는 불안이다. 무는 사유할 수 있거나 관찰할 수 있는 표상이 없는 아무것도 드러내지 않는 상태이기 때문이다. 키에르케고어는 헤겔의 범논리주의를 배격하기 위해 이런 무의 불안을 내세운다. 그는 무의 불안을 인간의 본질적 정서로 간주하며, 그것을 통해 기존의 다른 사변적 체계를 뒤흔드는 것이다. 무의 불안은 키에르케고어 사상의 실존적 역설을 낳는 가장 고유한 바탕이다. 존재와 무에 관한 이론적 논의 그리고 순간과 비존재(非存在)에 관한 논구야말로 헤겔을 궁지로 몰아넣는 비밀무기인 것이다.[18] 키에르케고어의 저작들을 재해석하기 위해 그에게 영향을 끼친 철학자들의 이론들을 고찰할 필요가 있듯이, 키에르케고어 연구자들은 무를 근간으로 하는 불안의 개념에도 당연히 명백한 참조들이

---

18 키에르케고어, 『공포와 전율/반복』, 264.

있다고 주장한다. 키에르케고어의 무에서 셸링의 영향이 감지된다는 것이다.

키에르케고어 연구자 중 듀프레(Dupré)는 자아에 대한 키에르케고어의 역동적 이론의 주요 원천은, 셸링의 『인간적 자유의 본질』이라고 단언한다.[19] 최신한의 해제를 따라 『인간적 자유의 본질』이라고 표기되는 셸링의 저작은 독일 관념론의 관점으로부터의 자유 개념에 대한 새로운 철학적 이해가 담겨 있다.[20] 『인간적 자유의 본질』에서는 신에 대한 새로운 관념이 잘 드러난다. 이 저작을 통해 셸링은 인간이 자유로울 때 신과 가장 친밀하게 결합한다고 설명한다. 셸링은 모든 창조물을 신이 출현하는 바탕으로 인식하면서 신의 존재 바탕을 신이라는 존재 자체와 구분 짓는다. 신이 출현하는 바탕으로부터 생성되는 영적인 존재로서 유일한 창조물인 인간은 신과 특별한 유사성을 띠는데, 그 유사성은 사실 부분적인 정체성에 기초를 두고 있다.[21] 이러한 견해는 인간이 내면성으로서 정신의 침투에 의해 개인성을 획득하지만, 그런 의식이 출현하게 된 근저는 의식 불가능한 신의 바탕에 소속된다는 것이다.

또 다른 연구자인 맥카티(McCarthy)도 키에르케고어의 무에서 셸링의 영향을 감지한다. 셸링은 인간의 자유에 대한 핵심적인 저작인 『인

---

19 Dupré, "Of Time and Eternity," 112.

20 원어 표준본은 『인간 자유의 본질 및 그와 연관된 대상에 대한 철학적 탐구』 (Philosophische Untersuchungen über das Wesen der menschlichen Freiheit und die damit zusammenhängenden Gegenstände, 1809)이다. 이 책은 최신한이 『인간 자유의 본질 외』로 번역했다.

21 Dupré, "Of Time and Eternity," 113.

간적 자유의 본질』에서 신이 출현하는 바탕으로써 어두운 바탕(dark ground)이 있음을 주장한다.[22] 키에르케고어의 저작에서는 특별히 셸링을 언급하고 있지 않으나, 키에르케고어에게 영향을 준 독일 사상가들 중에서 셸링은 그가 실제로 강의를 들었던 유일한 철학자이다. 키에르케고어와 셸링 철학과의 조우에 대한 전체적인 이야기는 잘 알려져 있지 않지만, "하우프니엔시스의 '무'와 셸링의 '어두운 바탕'은 평행한 범주이며, 매우 유사하게 기능한다."[23] 이러한 어두운 바탕은 신이 아닌 모든 것(특히 세계)의 생성을 위한 것이었을 뿐만 아니라, 신 그 자체의 생성을 위한 것이기도 하였다. 맥카티에 따르면, 키에르케고어가 1843년 발표한 『반복』에 대한 원고의 도입부에서 셸링의 『인간적 자유의 본질』에 대해 여러 차례 언급한 적이 있다고 밝힌다. 이러한 문헌들로부터 정확히 언제 키에르케고어가 셸링의 에세이를 읽었는지 알아내기는 불가능할지라도, 맥카티는 다음과 같이 주장한다. "나는 키에르케고어가 1843~1844년의 출판물 초안에서 셸링에 대해 강조한 것을 미루어 볼 때, 셸링에 관한 로젠크란츠의 1843년 두 출판물 – 키에르케고어가 이 기간에 집필하면서 읽고 참조한 논문들 – 에 근거하여 『인간적 자유의 본질』을 신중히 읽었거나, 적어도 로젠

---

22 셸링은 『인간적 자유의 본질』에서 신을 두 개의 극을 가진 개념으로 제시한다. 의식 대상으로서의 신과 신과 분리할 수 없으나 동일하지는 않은 의식 불가능한 신의 어두운 바탕이 그것이다. 셸링은 자기 자신의 창조자이며, 그 자신으로부터 분리되거나 그 자신이 될 모든 것의 바탕이자 창조 주체가 될 살아 있는 신을 묘사할 수 있는 방법을 모색하였다. 그러나 생성 가능성을 위한 조건 혹은 존재하는 신은 동시에 선과 악의 가능성을 위한 조건이기도 하였다. Vincent A. McCarthy, "Schelling and Kierkegaard on Freedom and Fall," International Kierkegaard Commentary: The Concept of Anxiety, Robert L. Perkins (GA: Mercer University Press, 1985), 101.

23 McCarthy, "Schelling and Kierkegaard on Freedom and Fall," 105.

크란츠의 발행물에 자극되어 다시 셸링의 에세이를 읽었다고 생각한다."[24]

셸링이 말한 신이 출현하는 바탕으로써 어두운 바탕에서 솟아나는 불안의 또 다른 양상은 우울이다. 불안은, 자유가 역사적으로 불완전한 형태들을 겪은 뒤 가장 심오한 의미로 자신에게 다가올 때인, 훨씬 나중 시기의 우울과 똑같은 의미를 지니고 있다.[25] 이것은 우울이 '꿈꾸는 정신에서 나타나는 불안', 즉 '순진함의 불안'보다 나중 시기에 등장하지만 불안과 같은 정도의 중대한 실존적 의미를 갖는다는 것이다. 키에르케고어와 마찬가지로 셸링도 불안과 우울이 상관관계를 가지고 있다는 것에 주목하였는데, 신의 실재화되지 않은 부분인 신의 바탕으로써의 무는 우울의 근원이라고 간주될 수 있다는 것이다. 독일어인 '우울'(Schwermuth)과 덴마크어인 '정신적 부담'(Tungsind)은 일반적으로 서로를 번역할 때 각각 사용되는 단어들인데, 이들은 보다 깊은 우울감의 형태를 나타낸다. 그런데 셸링과 키에르케고어는 두 단어 모두를 사용하고 있다. 키에르케고어가 '정신적 부담'(Tungsind)이란 단어를 통해 암시한 정신적인 문제는 사실상 셸링이 '우울'(Schwermuth)이란 단어를 통해 신과 모든 자연에 대해 표현하려고 한 바와 거의 동일하다.[26] 키에르케고어와 셸링에게 이러한 두 단어는 모든 존재 하나하나에 깃든 무를 지칭하는 표현이며, 정신이 자신의 가능성을 유혹하는 순간 가능성이 우리에게 다가오게 만들어 주는 감

---

24 McCarthy, "Schelling and Kierkegaard on Freedom and Fall," 92.

25 키에르케고어, 『불안의 개념』, 162.

26 McCarthy, "Schelling and Kierkegaard on Freedom and Fall," 101.

정들로 간주되는 것이다. 그래서 불안은 무 또는 신의 어두운 바탕은 『불안의 개념』에 등장하는 '할 수 있음'의 가능성을 일깨워놓는 것이라고 볼 수 있을 것이다.

맥카티는 키에르케고어의 작업을 두고 셸링이 정의한 어두운 바탕에 무라는 새로운 이름을 부여하였을 뿐만 아니라, 한 발 더 나아가 그의 첫 번째 산물에 불안이라는 이름을 주었다고 결론짓는다.[27] 맥카티의 견해를 따르면, 불안의 무는 셸링이 연구한 자유 개념의 기저에 깔려있는 어두운 바탕의 또 다른 이름인 것으로 보인다. 왜냐하면 키에르케고어와 셸링 사이에는 인간 자유에 대한 그들의 연구 사이에 중대한 유사성들이 존재하고 있기 때문이다.

3) 순진함의 정점에서 강화되는 자기의식

비길리우스 하우프니엔시스가 말하는 순진함은 어린아이의 순진함으로서 이해할 때 그 의미가 더욱 명확해진다. 순진함은 단지 사춘기 이전에 오는 것이 아니다. 순진함은 다가올 것으로부터 그것의 의미를 발견할 뿐 아니라 그 자체가 자족적인 어떤 것이다.[28] 비록 어린 시절의 순진함이 자기 충족적일지라도, 이것은 또한 그 이상의 다른 어떤 것으로 향해 있다. 비길리우스 하우프니엔시스는 이런 순진함의 상태에서의 불안의 특징을 불안의 양의성으로 설명한다. 아이들은 두려워

---

27 McCarthy, "Schelling and Kierkegaard on Freedom and Fall," 108.

28 Grøn, "Anxiety," 23.

하면서도 갈망하는 불안의 양의성 때문에 불안에 대해 두려워하지 않는다는 것이다. 가령 기어 다니던 어린아이가 걷기 시작하면 더 높은 곳으로 올라가기를 좋아하는 등 점점 모험적인 것에 마음을 빼앗긴다. 모험적인 놀이를 할 때, 어린아이는 그 자신을 그러한 다른 생활에 관계시킨다. 유아원에서 유치원으로 보낸 이후에는 또 다른 변화를 겪는다. 어린 시절은 고르게 성장하는 동질상이 아니라 어린아이가 그 자신이 관계하는 것에 따라 변화하는 특징이 있는 스스로 자족적 상태이다.[29] 아이는 자신보다 큰 아이로부터의 다른 생활에 자신을 관계시키길 좋아하며, 점점 더 성인생활과 앞으로 벌어질 것에 마음을 빼앗긴다. 이를 통해 아이들은 장차 무슨 일이 벌어질지에 대한 감각을 갖게 되는 것이다.

순진함은 하나의 규정이다. 그것은 지속되는 것이 아주 당연한 일종의 상태이다. …순진함은 거기에 사람들이 머무를 수 없는 그런 어떤 불완전성이 아니다. 왜냐하면 그것은 항상 자기 자신만으로 자족하는 것이기 때문이다.[30]

아이가 성장하여 어른이 되는 것과 달리 순진함은 그렇게 자연스러운 전환을 거쳐 상실되지 않는다. "순진함은 불가사의하고 갑작스런 도약에 의해 상실된다. 물론 도약은 또한 어린 시절 동안에 발생한다. 어린아이는 그가 더 이상 예전과 같지 않다는 느낌에 의해 또 다른 자

---

29 Grøn, "Anxiety," 24.

30 키에르케고어, 『불안의 개념』, 150-51.

기 자신을 발견할 수 있다."[31] 어린아이는 그가 변화할 것을 통해 다가오는 가능성과 관계하기 때문에 정신은 순진한 상태에서 꿈꾸면서 현존한다. 그는 질적 도약을 통해 자기 자신에 대한 다른 인식을 얻을 것이다. 이러한 순진함은 스스로 자족하는 상태여서 다만 지식의 부재도 아니고 지식으로 나아가는 전 단계로 볼 필요도 없다. 순진함은 폐기되고 사라져야 할 것이 아닌 어떤 것이다.

헤겔이 말하는 '직접적으로 주어진 것'은 자기의 내재적 운동을 통해 재구성되어야 하는 불완전성이지만, 순진함은 우리가 얻으려고 소망하는 완전성이나 불완전성도 아니다. 순진함은 오직 죄에 의해서만 상실될 것이기 때문이다. 순진함의 상태인 꿈꾸는 상태의 정신도 희미하게나마 육체와 영혼의 종합을 시도하는데, 이때 정신이 감성에 대립적 규정을 부여하게 됨에 따라 감성은 죄성이 된다. 감성으로부터 죄성이 비롯한다는 것은 심리학이 결코 설명할 수 없는 개인의 질적 도약이다. 심리학은 개인이 순진함에서 죄지음까지 이행하는 길에서 잉여적으로 발생하는 새로운 질을 결코 설명할 수 없다. 심리학은 단지 같은 영역(엄밀히 말하면 내재성) 안에서의 변형만 취할 뿐, 개인의 삶을 질적으로 변화시키는 새로운 질로의 이행인 도약을 다루지 않는다.

『불안의 개념』에서 말하는 도약은 질에 의해서 전제되고 질은 도약에 의해서 전제된다. 마찬가지로 『죽음에 이르는 병』에서도 이런 문제에 대한 이해를 돕는 부분이 있다. 『죽음에 이르는 병』의 제2부 「절망은 죄이다」에서 "개인으로서의 자기가 하나님 앞에서 실존하고 있다

---

31 Grøn, "Anxiety", 25.

는 것을 의식할 때, 오직 그때 그것은 무한한 자기이며",[32] 자기를 확대시키는 그런 계기는 하나님이 기준일 때 무한히 강화된다고 묘사되어 있다. 그런데 그때 강화되는 자기는 죄의 일부이지만, 개인으로서의 자기는 죄지음에 의해 야기된 새로운 질 또는 기준을 갖게 된다. 비길리우스 하우프니엔시스에 의하면, 하나의 현상이라는 특성을 지닌 질이 새로운 질로 이행하는 것은 도약에 의해서만 가능하다. 교의학이 순수하게 다루어지는 경우가 매우 드문 탓에 비길리우스 하우프니엔시스는 교의학이 원죄를 설명해서는 안 된다고 단언하지만, 안티-클리마쿠스는 교의학의 초월이라는 역설을 통해 죄의 기원에 대한 적절한 해법을 명확히 제시한다. 안티-클리마쿠스의 통찰은 죄는 알 수 없는 도약을 통해서만 세상에 들어온다고 하우프니엔시스가 우리에게 가르쳤던 바와 놀라울 정도로 서로 유사하다.[33] 따라서 상태로서의 죄

---

32 키에르케고어, 『죽음에 이르는 병』, 164.

33 칼 버스트린지(Karl Verstrynge)는 안티-클리마쿠스의 죄의 의식과 비길리우스 하우프니엔시스의 도약으로서의 죄에 대해 다음과 같은 비교를 통해 상호 유사성을 지니고 있다고 주장한다. 첫째, 안티-클리마쿠스가 설명한 대로 계시적 행위에 필요한 추정으로 죄의 의식을 정립하는 돌파구는 비길리우스 하우프니엔시스의 인류학적 관점에서의 순진함으로서의 무지의 초월성과 유사하다. 새로운 규정의 정립은 "순진함은 초월에 지양되는 그 무엇이다"(키에르케고어, 『불안의 개념』, 150)라는 내재적 운동을 나타낸다. 둘째, 비길리우스 하우프니엔시스는 또한 각 개별자 스스로가 죄를 가져온다는 사실을 강조한다. 전 인류는 개인에 참여하고 개인은 전 인류에 참여한다는 그의 중요한 통찰은 이러한 사실을 지시한다. 이것으로부터 최초의 죄는 야기되고 "순진함은 언제나 개인의 질적 비약에 의해 상실될 뿐이다"(키에르케고어, 『불안의 개념』, 152)라는 견해가 도출되는 것이다. 이것과 관련한 비길리우스 하우프니엔시스는 견해는 개별자의 "행위로서의 죄의 가능성"(키에르케고어, 『죽음에 이르는 병』, 199)에 대한 안티-클리마쿠스의 강조와 부합되는 점일 것이다. 비길리우스 하우프니엔시스도 "자신의 행위에 의해서 그 죄성을 떠맡는 개별적 개인"(키에르케고어, 『불안의 개념』, 152)을 강조하며 개별자의 행위를 통해서 죄를 짓게 되는 가능성을 언급하고 있다(Karl Verstrynge, "Anxiety as Innocence," 151).

는 자기의식이 강화되는 지점에서 분명해진다. 죄의 커짐은 자기가 자기 안에서 자기의식적인 행동으로 행위되고 있음을 나타내는 것이다.

정신이 꿈꾸면서 현존한다는 것은 정신이 자기 현실성을 자기의 바깥으로 투사하는 것을 의미한다. 이것은 인간의 실존적 조건인 내면화가 이루어지지 않은 상태이기 때문에 정신이 자신의 바깥에 있는 외적 대상과 동일시하는 것이다. 비록 이 상태에서 정신은 인간에게 의식되어 있지 않지만, 인간은 정신으로 규정되어 있으므로 동물적 지각 이전의 단계에 머물러 있을 수도 없다. 이에 따라 인간은 그 자신을 위한 가능성으로 정신을 붙잡지 않고도 자신에게 다가올 어떤 삶의 윤곽을 감지하게 되면서 미약하나마 그 자신과의 관계를 시도한다. 낯설지만 우호적인 힘인 정신이 인간에게 침투해 들어오면서 인간은 자기 자신을 의식하게 되지만, 이러한 힘은 한편으로 불안이다. 이 양의적인 힘은 낯설지만 매혹적이기 때문에 인간은 그러한 불안으로부터 벗어날 수가 없다. 이것은 또한 무가 낳는 불안이다. 무의 불안은 무엇인가 선택할 수 있도록 꿈을 만들어내지만 그 앞에서 정신은 불안해하는 양의성을 지닌다. 순진함이 도달하는 정점에는 이러한 무에 관한 무지가 있는데, 그것은 동물적 지각이 아니라 "정신에 의해서 규정된 일종의 무지"[34]이다. 그래서 순진함은 불안인 바, "그러나 오직 한마디 말이 울리기만 한다면 이 무지가 응집된 상태가 된다."[35] 무가 아담의 내면으로 들어옴으로써 죄를 짓기 이전의 상태인 무지의 내면화가 일어나는 것이다. 그런데 금령이 아담이라는 한 인간에게 금지된 욕망을

---

34 키에르케고어, 『불안의 개념』, 164.
35 키에르케고어, 『불안의 개념』, 164. (임규정의 번역을 일부 수정함).

불러일으켰다고 가정하면, 그에게 무지는 내면화되면서 동시에 자기의식은 일깨워지게 되는 셈이 된다. 금령의 말 이후에는 "너는 반드시 죽는다"라는 심판의 말이 이어지고 있기 때문에 섬뜩한 것에 대한 생각이 아담에게 다가왔다는 것을 짐작할 수 있다.

금령은 아담에게서 불안을 일으킨다. 왜냐하면 금령은 아담에게서 자유의 가능성을 일깨워놓기 때문이다. 순진함의 곁을 무로써 스치고 지나갔던 것이 이제 아담에게로 돌아온즉, 여기에서 다시 그것은 일종의 무이며, 할 수 있음이라는 두려움을 불러일으키는 가능성이다.[36]

불안 속에서 순진함은 금지된 것의 위반으로 인한 형벌과의 관계에 놓여 있다. 그래서 금지가 동반하는 '할 수 있음'의 가능성은 새로운 가능성을 불러오는데, 그것은 무한한 가능성이다.[37] 이러한 상위의 가능성으로 인해 무지로서의 순진함은 "자신의 극단적인 지점에까지 이끌려간다."[38] 마치 순진함이 상실되기라도 한 것같은 불안이 다가오고 있는 것이다.

아담이 '할 수 있음'이라는 가능성을 이해하고 있다는 것은 도약에 대한 추가적인 의미를 위한 현상의 발생을 나타낸다. 심리학적 설명은 막 깨어나려고 하는 반의식적인 자아의 상태 안에서 나타나는 이러한 강화현상을 잘 지적할 수 있다. 인간이 자신의 삶을 관찰해 보면 늘 이

---

36 키에르케고어, 『불안의 개념』, 165.

37 Verstrynge, "Anxiety as Innocence," 154.

38 키에르케고어, 『불안의 개념』, 166. (임규정의 번역을 일부 수정함).

러한 불안이 반복되어 나타나기 때문이다. 그렇지만 심리학은 더 이상 나아갈 수가 없다. 심리학은 순진함으로서의 불안이 야기하는 질적 도약을 결코 설명할 수 없기 때문이다. "여기서 도약은 개인이 그 자신의 의식에 의해 변화되는 것을 말한다. 변화는 이제 개인의 자아로서 그 자신을 의식하게 되는 것에 서 있다."[39] 다른 말로 설명하면, 자기관계의 운동이 나타나는 것이다. 정신은 더 이상 꿈꾸는 상태가 아니라 난관을 헤치고 나아가는 돌파의 상태로 접어드는 것이다. 비길리우스 하우프니엔시스의 견해는 순진함 속에서 자아는 아직 자리잡지 못했다는 것이다. 따라서 자아의 발생 단계에서 순진함으로서의 불안은 절망 전에 다가오는 것으로 해석된다.

3. 자기의식의 획득에 따른 불안

1) 성적 차이의 인식에 따른 불안

타락 이전의 "꿈꾸는 상태의 정신"에서는 성적인 것이 존재하지 않는다. 성적인 차이를 분명히 인식하는 순간은 정신이 꿈꾸는 상태에서 한 걸음 더 나아가는 순간이다. 성서에 "아담 내외는 알몸이면서도 서로 부끄러운 줄을 몰랐다"[40]고 기록되어 있듯이, 타락 이전의 아담은

---

39 Grøn, "Anxiety," 27.
40 창세기 2장 25절.

의식을 수반하는 성적인 것에 대해 무지한 꿈꾸는 정신의 상태에 있는 것이다. 그런데 인간이 선악과를 먹은 후 죄지음에 의한 타락의 결과는 "어떤 이중적인 것, 즉 죄가 세상에 들어왔다는 것과 성이 정립되었다는 것이다."[41] 이처럼 비길리우스 하우프니엔시스는 "아담과 하와는 선악수의 열매인 선악과를 먹음으로써 부끄러움을 알게 되었고 선과 악을 구별했다"는 창세기 설화를 주목한다. 만일 인간이 정신에 의해서 지지되는 영과 육의 어떤 종합이 아니라면, 성적인 것이 죄성과 함께 이 세상에 들어오는 일은 결코 일어날 수 없었을 것이다.[42] 비길리우스 하우프니엔시스가 여기서 강조하고자 하는 점은 정신이 근본적으로 성적이라는 점을 간과한다면 정신에 대한 모든 철학적 해석은 한낱 추상적인 논의에 그칠 뿐이라는 것이다. 성적인 차원은 정신이 영과 육을 자기 자신으로 통일시킬 때 또한 관계되는 것이기 때문이다. 이제 정신이 근본적으로 성(性)적인 것과 관계되어 있다는 점은 분명해진다. 그렇다면 성적인 차이의 인식은 어디에서 오는가? 그것은 불안이다. 불안은 정신의 산물이기 때문이다.

인간이 성적인 욕망을 거치지 않으면 자기를 파악하려는 끊임없는 정신의 운동은 이루어질 수 없다. 그렇다면 성차의 인식은 죄지음에 따른 타락의 산물일까? 이에 대해 비길리우스 하우프니엔시스는 "성(性)이 없으면, 역사도 또한 없다"[43]고 응답한다. 비길리우스 하우프니엔시스는 어떤 한 인간이 성적인 차이를 분명히 인식하기 전까지는

---

41 키에르케고어, 『불안의 개념』, 171.
42 키에르케고어, 『불안의 개념』, 172.
43 키에르케고어, 『불안의 개념』, 173.

그를 고유한 인간으로 간주할 수 없기 때문에 그는 성을 인간의 타락의 산물로 분명하게 인식하고 있는 것이다. 영과 육이라는 이중적인 것의 종합을 이끄는 정신이 성을 인식하는 그 지점에서부터 또한 부끄러움과 불안이 시작된다. 인간은 성적인 차원이 의식화되자마자 순진함의 상태를 유지할 수 없게 되지만, 부끄러움의 상태에서는 성적 차이에 대한 인식을 갖게 되는 것이다. 하지만 그 인식은 아직 성적 충동에 관계된 것이 아니라 단지 두 개의 성이 있다는 지식이다.

부끄러움은 성적 차이에 대한 인식이다. 성적 차이로 나아가야 비로소 성적 욕구가 충동으로 인식된다. 성적 차이를 의식하지만, 그 어떤 개인이 부끄러움으로 인해 자신이 특별한 성으로 규정되었다는 사실을 이해하지 못하거나 혹은 받아들이지 못한다면 정신은 고립될 수밖에 없다. 그런데 이처럼 성에 대한 인식이 미약한 개인은 상처 입은 수치심으로 죽을 수도 있다. 고립된 정신이 야기하는 고통은 설명할 수 없을 정도이기 때문이다.

그렇기 때문에 부끄러움에서 발견되는 불안은 매우 양의적이다.[44] 정신이 영과 육 사이의 이중적 관계와 근본적으로 얽혀 있음을 알지만, 그 정신이 종합의 절정에서 맞이하는 자기 자신을 아직은 용인할 수 없다는 것이다. 정신도 아직은 맹목적의 상태인 것이다. 그래서 부끄러움 속에서 불안은 아직 자기 자신에게 낯선 상태일 수밖에 없다. 이런 부끄러움은 정신이 버겁게 느껴지는 사춘기 상태에서 곧잘 나타난다. "부끄러움 속에서 정신이 성적 차이를 끌어안는 것을 불안

---

44 키에르케고어, 『불안의 개념』, 216.

해하고 또 무서워할 때 개인은 갑자기 되튀는데,"[45] 이때 갑자기 개별성이 돌출해 나온다. 아이가 성장하여 어른이 되는 것과 달리, 순진함은 그렇게 자연스러운 전환을 거쳐 사라지지 않는다. "순진함은 불가사의하고 갑작스런 도약에 의해 상실된다. 물론 도약은 또한 어린 시절 동안에 발생한다. 어린아이는 자신이 더 이상 예전과 같지 않다는 느낌에 의해 또 다른 자기 자신을 발견할 수 있다."[46] 어린아이는 질적 도약을 통해 자기 자신에 대한 다른 인식을 얻을 것이다. 이처럼 키에르케고어는 사람들이 무심코 지나치기 쉬운 단순한 실존적 문제 속에서도 좌절하고 절망할 수 있다고 이해한다. 그는 이런 문제를 철학적으로 해명할 정도로 세밀한 인간학을 전개하고 있는 것이다.

2) 선악에 대한 불안

인간의 불안은 순진함의 상태에서 벗어나 성적인 욕망을 거치며 정신이 성적인 것을 자신의 일부로 간주하게 되는 상태에서 더욱 증가하게 된다. "선과 악을 알게 하는 나무의 실과를 먹지 말라"[47]는 금령을 어긴 아담에게는 죄지음과 더불어 성적인 것도 정립되는 것이다. 이러한 죄의 결과인 불안이 바로 선악에 대한 불안이다.

그런데 죄지음에 의해 구체적으로 정립되는 선악에 대한 인식은 인

---

45 키에르케고어, 『불안의 개념』, 221.

46 Grøn, "Anxiety," 25.

47 창세기 2장 17절.

간을 비자유의 상태에 처하게 한다. 이런 비자유가 접하게 되는 불안이 바로 '악에 대한 불안'이거나 '선에 대한 불안'이다. 이것은 죄라는 현상을 향한 자유의 심리적 태도이다. 이제 개체로서의 개인은 최초의 죄지음 이후 이런 두 가지 불안 중의 하나에 처하게 된다.

비길리우스 하우프니엔시스에 따르면, 선과 악의 차이는 "결코 추상적으로(in abstracto)가 아니라 구체적으로(in concreto)만 존재하며"[48] 라고 그가 쓴 각주에서 밝힌다. 이 말의 의미는 선과 악의 차이는 지성적 사유의 대상이 아니라, 결코 한마디로 규정될 수 없는 인간의 실존적 자유와 관련해 존재한다는 것을 나타낸다. 여기서 자유란 무엇인가? 실존적 존재가 자기관계를 통해 진리를 획득한다는 것이다. 그런데 그것은 인간 존재가 자신의 실존적 근거를 자기의 내부에서 찾는 자유를 통해서 가능한 것이다.

비길리우스 하우프니엔시스가 "자유는 결코 추상적으로 존재하는 것이 아니다"라고 강조하는 것은 당시에 팽배해 있던 객관성 중시의 경향을 비판하고 상대적으로 왜소해진 주관성을 회복하기 위함이다. 인간의 내면성에 근거를 두는 주관성은 자기 이해의 대상을 자신의 본래적인 모습 속에서 찾는다. 어떤 개인이 내면으로 실존하지 않은 채 타인에 의해서 영향을 받으며 그 반영으로 살아가는 것은 잠재적인 자아를 실현시키는 것에 실패하는 삶을 의미한다.[49] 그렇기 때문에 키에르케고어가 '코르사르(Corsir) 사건'[50]을 겪으며 "군중은 비(非) 진

---

48 키에르케고어, 『불안의 개념』, 310.

49 Taylor, Kierkegaard's Pseudonymous Authorship, 253.

50 키에르케고어는 「코르사르」 사건을 겪으며 대중매체와 대중에 대한 경멸감을 갖게 되는 삶의 전기를 맞이한다. 1846년, 서른 세 살의 키에르케고어는 『철학적 단편에의

리이다"[51]라며 대중매체와 대중에 대한 경멸감을 터트린 이유도 대중 속에서 인간의 내면성이 얼마나 공동화(空洞化)될 수 있는지 경고하기 위함이었다.

비길리우스 하우프니엔시스는 그의 각주에서 다음과 같이 덧붙인다. 만일 선과 악을 선택해야 하는 순간에, 즉 자유 자체는 선도 악도 아닌 그런 순간에 자유가 주어진다면, 바로 그런 순간에 자유는 자유가 아니라 무의미한 반성일 뿐이다.[52] 선과 악의 차이는 자유 안에서만 존재하는 것인데, 이런 자유로부터의 도피는 선과 악의 차이를 어렵게 한다. 비길리우스 하우프니엔시스는 바로 이런 비자유의 상태가 자유롭게 행위하는 주체로서의 개인의 삶을 위기로 몰고 있다고 진단하고 있는 것이다. 따라서 '악에 대한 불안'과 '선에 대한 불안'의 고찰의 목적은 내면화를 이끄는 주관성의 진리를 증명하는 개인행동의 기준을 설명하기 위한 것이 된다.

완결된 비학문적 후서』를 출간했다. 책의 제목이 암시하듯, 그는 이미 유명해진 저자였기 때문에 이 책으로 저작활동을 끝내고 시골로 은퇴하여 목사로서 조용한 삶을 계획했다. 그러나 그는 극작가이자 언론인인 골드슈미트(Aron Goldschmidt)가 편집인으로 있는 「코르사르」와 뜻하지 않은 논쟁에 휘말리면서 그의 계획은 실현되지 못했다. 「코르사르」는 현대적으로 말하면 길거리 가판대에서 파는 대중잡지였지만, 당시 코펜하겐 시민들에게는 진보적인 자유주의 사상에 대한 고조된 관심에 편승하는 논조로 상당한 인기를 끌고 있었다. 그러나 키에르케고어는 「코르사르」를 단지 자극적인 폭로지로 간주했기 때문에 그런 잡지로부터 호평을 받고 있다는 사실을 부끄럽게 생각하고 있었다. 이런 키에르케고어의 입장은 「코르사르」를 자극하는 계기가 되어, 상호간의 격렬한 논쟁과 비방전이 벌어지게 된다. 스스로 자초한 측면이 있는 그 사건으로 인해 키에르케고어는 세속과 타협하는 위선적 신앙이 아닌 진정한 신앙인으로서의 새로운 정신활동과 저술에 대한 의욕을 불사르게 된다. 이 기간에 그는 『사랑의 역사』(1847), 『죽음에 이르는 병』(1849), 『기독교의 훈련』(1950) 등을 저술했다.

51 Kierkegaard, The Point of View for My Work as an Author, 112.

52 키에르케고어, 『불안의 개념』, 310.

자유의 회복과 선에 대한 불안

성서에 따를 때, 최초의 인간으로 규정되는 아담에 의한 최초의 죄는 오로지 수수께끼와도 같은 질적 도약에 의해 이 세상에 들어온다. 무지의 상태였던 최초의 인간이 무엇인가를 선택할 수 있는 순간이 다가오면서 스스로 자기 자신을 드러내는 가능성을 발견하게 된 것이다. 자유로운 행위를 할 수 있는 가능성으로 인한 죄지음은 개인을 죄의 속박(束縛) 속에 있게 한다. 여기서 개인이 처하게 되는 두 가지 형태가 '악에 대한 불안'과 '선에 대한 불안'인 것이다.

비길리우스 하우프니엔시스에게 선한 것은 "자유의 회복, 구제, 구원(혹은 그 명칭을 뭐라 하든 상관없다) 등을 의미한다."[53] 자유가 선한 것이라면 부자유한 것은 사악한 것이다. 하우프니엔시스에게 부자유는 자유의 한 현상이기 때문에, 자유는 반드시 부자유를 통해 그 자체를 나타낸다. 그러나 "부자유 속에서 난파된 채 가라앉은 자유"[54]는 자유를 회피함으로써 '악마적인 것'을 생겨나게 한다. 비록 죄의 속박이 악마적인 것은 아닐지라도 악에 대해 부자유스런 관계를 지니게 되는 것처럼, 악마적인 것도 선에 대해 부자유스런 관계를 지닌다. 이처럼 죄의 속박에 있는 개인은 부자유와 죄와 악함에 대한 불안을 지닌다.[55] 이런 불안은 개인이 죄의 속박에 더 깊이 빠질 수 있다는 새로운 상태의 가능성으로서 "할 수 있음"과 관계되어 있다.

---

53 키에르케고어, 『불안의 개념』, 325.

54 키에르케고어, 『불안의 개념』, 355.

55 Ronald L. Hall, "Language and Freedom: Kierkegaard's Analysis of the Demonic," International Kierkegaard Commentary: The Concept of Anxiety, ed., Robert L. Perkins (1985), 159.

죄의 속박에 처한 개인이나 악마적인 상태의 개인이 느끼는 불안들은 순진함으로서 불안의 상태와 다르다. '자유에 대한 불안'과 '부자유에 의한 불안'은 둘 다 죄지음 이전의 순진한 상태에서의 불안이 아니라 죄 속에 있는 불안이다.[56] 그래서 죄지음과 더불어 나타나는 불안은 "얽매인 자유"로 일컬어지는 것이다.

선에 대한 불안인 악마적인 것

비길리우스 하우프니엔시스는 악마적인 것을 본격적으로 논의하기에 앞서, 이제까지 선에 대한 불안인 악마적인 것이 어떻게 간주되어 왔는지를 검토한다. 악마적인 것은 미학적·형이상학적인 것으로 간주될 수 있지만, 그럴 경우 그것은 불운이나 운명에 종속되기 때문에 사람들은 악마적 현상에 동정적으로 접근할 것이라고 우려한다. 악마적인 것을 의학적으로는 단지 물리적이고 육체적인 것으로 간주한 반면 윤리적으로 비난해야 할 대상이었다고 지적한다. 그것은 육체적, 심리적, 정신적 영역 등 모든 영역에 속하며 이미 광범위하게 퍼져 있다고 지적한다. 악마적인 것은 실존적 인간이 처해 있는 자유로부터의 소외 상태라 일컬을 수 있는 부자유이기 때문이다. 그리고 그것은 비길리우스 하우프니엔시스에 의해 다음과 같은 형태로 분류된다.[57]

첫째, 하나의 상태로서 악마적인 것은 하나의 가능성으로서 개별적인 죄의 행위가 끊임없이 생겨날 수 있는 것이다. 가능성이라는 것은

---

56 Hall, "Language and Freedom: Kierkegaard's Analysis of the Demonic," 159.

57 키에르케고어, 『불안의 개념』, 330-52.

'할 수 있음'이라는 것인데, 이 가능성과 개인의 질적 비약으로 죄는 끊임없이 들어오게 되는 것이다. 그래서 모든 개인은 오직 자신을 통해서만 죄를 짓게 된다는 것이다.

둘째, 악마적인 것은 선에 관한 불안이다. 순진무구함에서 자유의 가능성은 개인에게 내재한 불안이었지만, 죄지음에 따라 자유가 상실되면 그 관계가 역전되어 자유의 가능성은 불안이 된다. 비자유의 토대로서 자유가 그것을 에워싸고 있는 부자유라는 표피에 갈등을 느끼는 것이 선에 관한 불안인 것이다. 악마적인 것에서는 자유가 부자유로 그 관계가 역전되었기 때문이다. 그래서 부자유라는 표피 속에 내재된 자유가 불안을 통해 그것의 존재를 부각하려 하는 것이다.

셋째, 악마적인 것은 자신을 닫아버리는 자기 폐쇄적 부자유이다. 하지만 이것은 불가능성이다. 불안은 선과 접촉하는 순간에 항상 어떤 관계를 유지하기 때문이다. 설령 이 관계가 겉으로는 사라졌을지라도 악마적인 것은 거기에 있다. 왜냐하면 침묵에 의해서도 악마적인 것은 자신을 표현할 수 있기 때문이다.

넷째, 악마적인 것은 '폐쇄성의 침묵'(das Verschlossene, the unfreely disclosed)이자 자신의 의사에 반하여 부자유하게 드러난 것이다. 이 두 가지 정의는 같은 것을 지시하는데, 그것은 무언(無言)이며 벙어리가 되는 것이다. 오직 자신과만 교통하는 "폐쇄적 침묵은 개인 안에서 부정적 자기관계의 결과이다."[58] 본질적으로 폐쇄적 침묵은 자신을 둘러싼 그 모든 것에 대한 저항의 표현일 수도 있고 공허한 추상에 갇혀서 자기만의 망상에 빠지기를 좋아하는 것일 수도 있다. 악마적인 것은

---

58 키에르케고어, 『불안의 개념』, 341.

이처럼 소통을 거부하는 무언이다. 심지어 이런 상태는 (소통의 거부로 인해) 자기를 차단하고 고립하려는 비자유가 있음도 꿰뚫어 볼 수 없도록 한다. 그렇기 때문에 자신을 드러낼 때 그 표현은 자신의 의지에 반해서 나타내지 않으면 안되는 것이다. 그 까닭은 무엇인가? 그것은 부자유라는 표피 속에 가두어져 있는 자유가, 그것이 부자유로부터 억압되어 있음을 폭로시키도록, 외부로부터의 자유와 교통하게 되면서 발생하는 것이다. 즉, 자유가 외부로부터 다가올 때, 폐쇄적 침묵은 부자유에 머무르려는 그것의 의지에 반해서 부자유의 토대로서의 자유가 있음을 누설하게 됨을 말한다. 이런 악마적인 것은 외부로부터 오는 자유와 접촉하게 됨으로써 자신을 드러내는 것이다. 신약성서에 따르면, 악마적인 것은 그리스도가 다가오자 "내가 당신과 무슨 상관이 있습니까?"라는 반응을 보이며 구원의 표출인 선에 대한 불안을 느끼게 된다는 것이다. 따라서 악마적인 것이 몰락한다는 것은 구원, 즉 자유의 회복이 이루어진다는 의미가 된다.

다섯째, 악마적인 것을 시간의 측면에서 정의할 때 그것은 '갑작스러운 것'(das Plötzliche, the sudden)으로 규정된다. 시간은 앞으로 나아가는 연속성을 의미하는 것이기 때문에 이것의 부정은 '갑작스러운 것'이 된다. "선은 연속성을 의미한다. 왜냐하면 구원의 첫 번째 표현이 연속성이기 때문이다."[59] 성경에서 제시하는 구원에 이르는 변할 수 없는 진리는 구약에서 신약으로 넘어가는 연속성을 전제로 한다. 다시 말하면, 연속성은 모세의 행위 율법에서 예수 그리스도의 성령의 법으로 단절 없이 앞으로 나아가는 운동을 말한다. 그런데 악마적인 것은

---

59 키에르케고어, 『불안의 개념』, 342.

구원의 최초의 표현인 그러한 선(善)의 연속성에 불안을 지닌다는 사실에서 갑작스러운 것으로 그 모습을 드러낸다.

선의 접근을 감지할 때, 악마적인 것은 불안한 것 이외의 방식으로는 자신을 표현하지 못하기 때문에 본질적으로 갑작스럽게 돌발적인 모습을 나타내는 것이다. 비길리우스 하우프니엔시스의 표현에 따르면, 갑작스럽게 드러나는 것은 "폐쇄성 침묵의 사이비 연속성"이다. 그것은 어린 시절의 팽이놀이, 미끄럼질, 회전목마를 경험할 때 맛보는 도취효과나 스키, 오토바이, 스포츠카 등을 타고 빠른 속도로 달릴 때 유발되는 현기증적 심리 현상으로 가장 잘 비유될 수 있을 것이다. 돌발적인 것은 그 어떤 연속성으로도 간주될 수 없다. 왜냐하면 그것이 부차적인 심리 현상인 부자유를 본질적인 자유로 오인하게 만들기 때문이다.

여섯째, 악마적인 것은 무의미한 것, 지루한 것이다. 무의미한 것과 지루한 것은 폐쇄성의 침묵에 대한 내용이다. 거꾸로 폐쇄성의 침묵은 형식이다. 자유는 연속성에서 평온하지만, 자유의 반대인 갑작스러운 것에 어울리는 연속성은 '소멸성'이라고 간주할 수 있는 것이다. 권태와 소멸성은 바로 무(無)에서의 연속성이다.[60] 이미 오래 전에 죽어서 묘지에 매장된 존재처럼 보이는 사람에게서 떠오르는 정적(靜寂)으로서의 공허한 연속성과 내용 없는 권태 속에 갇혀 있는 자유는 악마적인 것의 형식이 되는 것이다.

키에르케고어가 지루함을 악마적인 것으로 규정하는데 대해 라르스 스벤젠(Lars Fr. H. Svendsen)은 『지루함의 철학』에서 다음과 같이 언

---

60 키에르케고어, 『불안의 개념』, 346.

급한다. "지루함은 모든 악덕의 뿌리다. 키에르케고어의 이런 주장도 지나친 과장이다. 그렇지만 지루함이 악덕에 꽤나 많은 빌미를 주는 건 사실이다."[61] 지루함은 자기 좌절이 야기하는 불안감이며 부자유이기 때문이다.

진리에 대한 불안인 부자유

이제까지는 비길리우스 하우프니엔시스가 제시한 '악마적인 것'의 일반적인 개념을 정리한 것이다. 그렇지만 자유는 다르게 상실될 수도 있다. 비길리우스 하우프니엔시스는 자유의 상실 방향에 따라 '악마적인 것'을 두 가지 상이한 표현 방식으로 구분한다.[62] 즉, '육체적·심리적으로 자유가 상실된 경우'와 '정신적 계기에 의해 상실된 자유의 경우'이다. 이 두 유형의 특성은 다음과 같다.

첫째, 육체적·심리적으로 자유가 상실된 경우이다. 비길리우스 하우프니엔시스는 육체를 "영혼(Seele)의 기관이며 정신(Geist)의 기관"이라고 표현한다. 그런데 인간에게 영육간의 종합을 지탱하던 정신이 그 과업을 상실하게 되면 육체와 영혼은 분열되기 때문에 악마적인 것이

---

61 Lars Fr. H. Svendsen, 『지루함의 철학』, 도복선 옮김(서울: 서해문집, 2005), 29. 라르스 스벤젠(1970~)은 노르웨이 베르겐대학교 철학과 교수이다. 그는 지루함에 대해 다음과 같이 설명한다. "깊디깊은 지루함이란 현상학에서 보자면 불면의 상태와 닮았다고 할 수 있다. 끝도 없어 보이는 공허에 사로잡힌 채, 자아가 어둠 속에서 제 정체성을 잃고 마는 그런 불면의 상태, 잠을 자려 애를 쓰지만 겨우 어느 선까지 이를 뿐이어서, 깨어 있는 상태와 수면 상태 사이의 어중간함을 결코 벗어나지 못한다"(Svendsen, 『지루함의 철학』, 24).

62 키에르케고어, 『불안의 개념』, 352-89.

출현한다. 이처럼 무력해질 수 있는 인간 정신활동의 현실적인 문제점으로 인해 육체가 더 이상 정신에게 봉사할 것을 그만둘 때, 그리고 자유가 육체와 공모하여 정신에게 반기를 들 때, 부자유는 악마적인 것으로 나타난다. 자유가 육체와 공모하여 자기 자신에게 대항하게 되면 그것은 자신의 본래적 역할을 수행할 수 없게 된다.

이어서 비길리우스 하우프니엔시스는 육체적 · 심리적으로 상실된 자유의 영역에서 선에 대한 불안을 일으키는 이러한 부자유가 얼마나 다양한 뉘앙스를 지니고 있는지를 세밀하게 들추어본다. 그는 초감수성, 초민감성, 신경쇠약, 히스테리, 우울증을 악마적인 것의 뉘앙스들로 표시하지만, 이 유형에서 가장 극단적인 것은 "동물적 파멸"이라고 지칭한다. 이 형태의 악마적인 것을 받아들인 사람들 사이에는 고도의 응집력이 존재한다. 그것이 지닌 사교성은 불안해하면서도 서로 달라붙어 하나의 구심력을 형성한다. 어떤 관계와도 비교될 수 없는 이러한 불안의 사교성은 악마적인 것이 현전하고 있다는 명백한 증거가 된다.

둘째, 정신적 계기에 의해 상실된 자유의 경우이다. 이 유형의 악마적인 것은 여러 종류로 정신적 영역에 넓게 퍼져 있다. 다만 그것은 주어진 지적(知的) 내용과 자유의 관계에 기초하고 있다.

비길리우스 하우프니엔시스에 따르면 "지적인 측면에서 바라보았을 때 자유의 내용은 진리이며, 진리는 인간을 자유롭게 한다." 따라서 "진리는 자유의 작품"이고 진리는 "단독자가 스스로 행위를 통해서 진리를 낳을 때 오직 그때 비로소 진리가 그에게 존재하는 것이다."[63] 이

---

63 키에르케고어, 『불안의 개념』, 358.

처럼 단독자는 진리 안에 실존함으로써 비로소 자유를 획득하는 것이 되고, 자유는 끊임없이 진리를 생산하는 존재방식이 되는 것이다. 그런데 만일 어떤 특별한 개인이 진리가 앞의 방식으로 존재하는 것을 받아들이지 않는다면, 자유롭게 자기를 획득하는 방식은 비 본래적으로 전락하여 부자유한 악마적인 것의 현상으로 나타난다.

자유의 내용이 진리라는 것은, 곧 진리는 단독자의 자유로운 행위에 의해 생산되는 것이라고 말해질 수 있다. 『철학적 단편 후서』에서 "진리는 주체성이다"[64]라고 주장하는 클리마쿠스는 이와 같은 내용을 뒷받침해준다. 끊임없이 진리를 산출하기 위한 자유의 행위로서 개별자의 결단과 질적 비약을 통한 주체성의 진리는 매우 중요하다. 비길리우스 하우프니엔시스의 표현을 그대로 쓰자면, 중요한 것은 확신(certitude)과 내면성(inwardness)이 강조되어야 한다는 것이다. 확신과 내면성은 사실 주체성이다.[65] 왜냐하면 그것들은 진리를 산출하기 위한 자유 행위의 파토스(pathos)이기 때문이다. 개별자에게 열정적인 진리 추구를 위해 필요한 확신과 내면성의 결핍은 진리를 산출하는 자유의 내용을 상실한 부자유의 형태를 초래하고 개별자가 진리에 대한 불안에 사로잡혀 있음을 나타낸다. 아울러 그러한 것이 결핍되어 있는지 아닌지에 따라 그가 악마적인가 아닌가가 결정되는 것이다.

비길리우스 하우프니엔시스는 그가 살고 있는 시대를 자세히 살펴본 결과, 진리가 양적인 면과 추상적인 명료성의 면에서는 증가하고 있지만, 확신은 계속 줄어들고 있다고 말한다. 그리고 이 시대의 불안

---

64 CUP, 116.

65 키에르케고어, 『불안의 개념』, 365.

과 걱정은 바로 이것에 기인한다고 말한다. 그는 하나의 사례로 『철학적 단편 후서』에서 언급된 인간의 영혼불멸을 둘러싼 논쟁을 다룬다. 자신의 시대에까지 인간의 영혼불멸을 증명하려는 형이상학적이고 논리적인 노력들이 무수히 있어 왔지만 확신은 계속 줄어들고 있다는 것이다. 영혼불멸에 대한 객관적이고 과학적인 접근방법으로는 그것에 대한 최종 결론에 이를 수 없다. 왜냐하면 그것에 대한 확신은 주체성의 문제이기 때문이다. 주체성을 지닌 사상가는 인간이 이미 현실적으로 하나의 불멸의 존재로서 삶을 살아가는 객관적인 불확실성이라는 진리를 추구한다.

주체적인 진리가 객관적으로는 하나의 역설이다. 그래서 진리의 역설적 성격은 곧 객관적 불확실성이다.[66]

비길리우스 하우프니엔시스가 주체성의 문제를 강조하는 이유는 그만큼 자신의 시대에 팽배해 있는 객관적 사유의 경향이 악마적인 것에 그 바탕을 두고 있음을 지적하는 것이다. 그렇지만 객관적인 불확실성에 대한 사유가 객관적인 관점에게는 그것의 근거와 내용이 불확실하고 모호할 수밖에 없다. 이에 대해 비길리우스 하우프니엔시스는 악마적인 것은 진리의 역설적 성격인 객관적 불확실성을 회피하려고 더욱 새롭게 객관으로 포장된 증명을 이끌어내기에 몰두한다고 지적한다. 악마적인 것은 불확실성에 저항하는 새로운 객관을 고안해서 불확실성이 지닌 두려움으로부터 벗어나고자 하는 것이다.

---

66 CUP, 183.

자기이해가 결여된 추상적인 자기의식은 결국 내면성을 상실하는 객관적 사유를 위한 체계로 남아 있게 되지만, 구체적인 자기의식으로 인한 "객관적 불확실성은 가장 열정적인 내면성으로 빠지게 한다."[67] 의식이 담을 수 있는 구체적인 내용은 "개인 자신에 대한 의식"이다. 완결된 그 어떤 것이 아니라 생성의 과정에 있는 자기의식은 한 개인의 구체적인 행동일 수밖에 없으며, 그런 행동은 바로 내면성인 것이다. 그리고 내면성이 이런 의식에 합치되지 않을 때는 언제나 내면성의 결여가 내면성의 획득에 관한 불안으로 나타나는 찰나에 바로 악마적인 것의 한 형태로 존재한다.[68] 말하자면 내면성의 결여로 인한 불안은 추상적인 자기의식이 구체적이고 실존적인 내면성을 획득하도록 요청할 때 엄습해 오는 부자유적 공포인 것이다.

자유를 결박하는 악에 대한 불안

인간의 자유로운 행위의 최초의 실현은 죄를 짓는 것이다. 비길리우스 하우프니엔시스에 따르면 아담은 그가 저지른 죄로 인해 악을 나타나게 한 사람이 아니라, 악이 세상에 들어오는 그 지점을 극명하게 보여주는 전범적인 인물이다. 일단 죄가 자리를 잡으면 곧바로 불안의 대상은 죄가 된다. 그 죄는 다시금 새로운 불안을 가져오며 이런 불안은 인간으로 하여금 또 다시 죄를 짓게 만든다. 하우프니엔시스는 그러한 죄와 관련하여 악에 대한 불안을 다음과 같이 세 가지로 나누

---

67 CUP, 182.
68 키에르케고어, 『불안의 개념』, 369.

어 고찰한다.[69]

첫째, 정립된 죄는 지양된 가능성이다. 죄가 현실적으로 정립되면 우리는 죄 자체에 대한 반성 없이 그저 죄지음의 상태를 전제하며 죄를 이해하게 되기 때문에 "죄의 가능성의 비밀스런 삶에 대해서도 전혀 관심을 기울이지 않는다."[70] 이 말은 통상적으로 죄와 밀접하다고 간주되는 윤리학에서조차 사실상 죄가 어떻게 생성되는가에 대해서는 전혀 관심을 두지 않고 있기 때문에, 죄가 관념적이고 형이상학적으로 다루어진다면 그 개념은 변질될 것임을 지적하고 있다. 따라서 고정할 수 없는 죄의 가능성은 인간의 구체적인 삶과 관련하면서 그것이 어떻게 실재하게 되었는지가 고찰되어야 한다는 것이다. 실존적 인간이 매시간 접하는 구체적인 현실은 그저 주어진 것이 아니라 아직 세밀하게 살펴볼 필요가 있는 비밀스런 구조를 지닌 것으로 인식하게 하는 것은 키에르케고어의 실존적 불안을 이해하는 출발이 되기 때문이다. 그렇게 감추어진 현실을 드러내주는 작업, 즉 아직 열리지 않은 가능성에 기투(企投, Entwerfen)하는 것이 현실성의 과제인데, 죄를 물려받은 것으로 전제하면 개별자의 죄의 가능성을 설명하는 것은 불가능해진다. 비길리우스 하우프니엔시스의 표현에 따르면, 죄는 가능적인 것(de potentia)의 "상태로"(Zu-stand) 존재하는 것이 아니다.[71] 그래서 죄는 상태로써 정립될 수 없는 것이다. 죄의 근본 뿌리를 개인 자신의 그 어떤 행위보다 선행하는 것으로 파악한다면, 그때 나타나는

---

69 키에르케고어, 『불안의 개념』, 313-21.

70 키에르케고어, 『불안의 개념』, 117.

71 키에르케고어, 『불안의 개념』, 102.

죄의 가능성은 인간의 선악을 구분할 수 있는 능력을 지니지 않는 것이다.

둘째, 정립된 죄는 본래 하나의 결과이기도 하다. 순진함의 불안은 자유의 가능성을 낳지만 죄의 결과인 불안은 정반대로 죄의 그 자체 이상의 가능성을 향하고 있다. 이 지점에서 불안은 새로운 상태의 가능성으로 현존한다. 죄가 개인에서 자리를 잡았다는 것은 불안이 죄의 그 이상의 가능성을 향하는 상위 표현으로써 불안의 상태를 의미한다. 이것은 또한 자유에는 낯선 결과이기 때문에 자유에 대한 불안의 상태를 나타낸다.

셋째, 정립된 죄는 부당한 현실성이다. 죄의 의미는 "가능적인 것에 따라서" 드러나는 것이 아니라 "현실성에 따라서"(de actu) 드러난다.[72] 이렇게 죄를 사변적이고 관념적인 사유의 힘에 굴복하는 대상이 아닌, 실존의 수행 중에 계속 나타나는 현상으로 파악하는 것이 죄에 대한 비길리우스 하우프니엔시스의 인간학적 해석이다. 그런데 "죄가 현실적으로 정립되자마자 윤리학이 곧장 출현하며, 그러면 이제 윤리학은 죄가 행하는 모든 몸짓을 뒤따르게 된다."[73] 윤리학과 심리학은 죄의 생성에는 전혀 관심이 없기 때문에 실존적 인간이 접하는 구체적인 현실인 현실성의 범주를 다룰 수 없다. 윤리학은 이미 정립된 죄의 현실성으로부터 인간의 죄지음을 논할 뿐, 죄 그 자체를 문제 삼지 않기 때문이다. 개별자를 훨씬 뛰어넘는 전제로 형이상학적으로 사유된 현실성으로서의 죄의 현실성은 부당한 현실성인 것이다.

---

72 키에르케고어, 『불안의 개념』, 102.

73 키에르케고어, 『불안의 개념』, 116-17.

죄는 그렇다면, 윤리학이 뉘우침(회개)의 도움을 받아 죄의 개념에서 난파하는 한에서만 윤리학에 속해야 마땅하다.[74] 다시 말하면 죄의 개념에서 실패하는 윤리학은 후회나 회한이라는 개념의 도움을 받을 수밖에 없는 것이다. 그런데 후회 속에서 후회를 증폭시키는 죄의 궤변은 불안을 극에 이르게 한다. 비길리우스 하우프니엔시스의 표현을 빌자면 "절망적인 불안 속에서 후회는 발광한다." 죄는 후회를 이끌어가기 때문에 후회가 죄를 지양할 수 없다. 후회는 슬퍼하며 우울한 마음으로 불안을 쫓아간다. 개인은 불안에 빠진 채 후회의 품속에 자신을 던진다. 그래서 악에 대한 불안을 회피하기 위한 가장 효과적인 방법은 무정신성의 상태가 되는 것이다. 정신을 포기하고 그것에서 일부러 빠져나오는 무정신성의 상태에서 자기는 정신과 연관을 지어야 된다고 생각하지 않기 때문에 불안이 없는 것처럼 느껴진다. 이때 자유는 패배를 예감한다.

---

74 키에르케고어, 『불안의 개념』, 106.

3장

실존 단계의 철학과 불안

단계의 철학은 키에르케고어가 인간의 실존적 삶이 취할 수 있는 세 가지 존재양상을 제시하는 것이다. 심미적 단계와 윤리적 단계 그리고 종교적 단계가 그것이다. 실존적 인간은 선택을 통해 더 높은 단계의 정신으로 이행한다. 높은 단계로 이행할수록 결단과 선택의 정도는 더욱 강해진다. 키에르케고어의 저작들은 이런 단계에 따라 구분될 수 있다. 그런데, 더 높은 실존단계로의 이행은 순차적으로 이루어지지 않는 성질을 지니고 있기 때문에 모든 실존단계에서는 불안이 내재할 수밖에 없다. 불안은 모든 실존단계의 개인에게 자신의 고유한 가능성과 대면하도록 끊임없이 촉구하는 심리적 기분이기 때문이다.

키에르케고어가 불안을 통해 포착하고자 했던 인간의 원천성에 대한 이해는 현대 정신분석학의 중요한 고민을 담고 있다. 스스로의 가능성과 대면하도록 이끄는 키에르케고어의 불안은 현대 정신분석학의 관심사를 선취한 개념인 것이다. 현대의 들뜬 문화는 자기 바깥에 있는 욕망의 대상을 몰두하도록 이끌기 때문에 현대인들은 언제든지 이런 저런 형태의 불안에 처할 수 있기 때문이다. 그래서 심미적 실존단계에서 종교적 실존단계에 이르는 전반적인 실존체험과의 관계를 수반하는 키에르케고어의 불안은 개인주의가 강한 현대 문화를 더욱 깊이 있게 이해하도록 도와주는 미적 범주가 될 수 있다.

이를 위해 실존단계에 따른 불안의 본격적인 논구에 앞서, 현대의 연구자들이 키에르케고어의 불안과 연관된 개념들을 어떻게 현대 문화와 관련시켜서 논의하고 있는지를 살펴볼 필요가 있다. 현대의 연구자들은 무엇보다 심미적 실존단계를 현대 문화에 적용해 미학적 논의를 진행한다. 비록 일부의 연구결과 밖에 없기 때문에 그것을 일반화시킬 수는 없다 하더라도 불안의 개념을 정신분석학의 사상적 연원으로 이해하려는 입장들과 더불어 키에르케고어의 주요한 실존개념들을 미적 범주로 다루어보는 시도는 필요하다. 본고에서 재해석하는 불안의 개념은 추후 대중매체미학으로 정립되어 현대 문화예술을 이해하는 중요한 미적 범주로 활용될 가능성이 있기 때문이다.

빅토르 에레미타(Victor Eremita)[1]라는 필명으로 편집한 처녀작인 『이것이냐 저것이냐』는 키에르케고어의 저작 중 가장 문학적인 작품이라고 평가받는 것이다. 키에르케고어가 매우 낙관적이며 상상력이 풍부했던 초기 시기에 심미적 영역을 다룬 『이것이냐 저것이냐』 1권을 집필했기 때문이다. 그래서 현대의 연구자들은 『이것이냐 저것이냐』에서 논구되는 심미적 실존영역을 미학적으로 해석하려는 경향을 보여

---

1 빅토르 에레미타는 키에르케고어가 『이것이냐 저것이냐』의 익명의 저자로 내세운 가상의 인물로서 '은둔하며 승리하는 사람'이라는 의미를 지닌다. 그러나 『이것이냐 저것이냐』의 내부에는 다양한 가상의 인물들이 등장하기 때문에, 본고에서는 독자의 혼란을 피하기 위해 빅토르 에레미타라는 익명을 사용하지 아니한다.

주고 있다.

해외에서는 일찍이 아도르노가 "키에르케고어: 미학의 구성" (Kierkegaard: Construction of the Aesthetic, 1933)을 발표하며 키에르케고어의 심미적 실존영역에 잠재되어 있는 미학적 논의를 이끌어낸다. 비교적 최근에는 미국의 라파예트(Lafayette) 대학 종교학과 교수인 에릭 지오코스키(Eric J. Ziolkowski)가 "키에르케고어의 미학의 개념: 바움가르텐을 뛰어넘는 의미론적 도약"(Kierkegaard's Concept of the Aesthetic: A Semantic Leap from Baumgarten, 1992)이라는 소론을 발표하면서 키에르케고어가 미학(美學)의 창시자로 명명되는 바움가르텐을 뛰어넘는 새로운 실존적 미학 개념을 이끌어냈다고 평가한다. 캐나다의 사이먼 프레이저(Simon Fraser) 대학의 음악철학과 교수이면서 피아니스트인 야로슬라브 센쉰(Yaroslav Senyshyn)도 "키에르케고어의 심미적 실존에 비추어 본 라이브 음악공연"(Kierkegaard's Aesthetic Stage of Existence and Its Relation to Live Musical Performance, 1996)이라는 논문을 통해 키에르케고어의 심미적 실존을 비판적으로 주목한다. 그는 키에르케고어의 논의들을 음악교육 철학과 연계해 여러 편의 논문을 발표한 바 있다. 국내에서는 키에르케고어를 유신론적인 실존철학자로 소개하는 연구로 편중되어 있으며, 아직 그의 주요 저작을 미학적으로 해석하는 성과는 그리 많지 않다. 그렇지만 미학자인 하선규는 "키에르케고어 철학에 있어 심미적 실존과 예술의 의미에 관한 연구"와 같은 논문을 발표하며 키에르케고어의 심미적 영역을 현대 문화에 적용하려고 시도한다.

그런데 '불안'은 키에르케고어의 실존영역을 관통하는 개념이기도 하다. 키에르케고어의 불안은 실존단계 전체를 관계시키는 힘인 자유의 회복을 촉구하는 개념이기 때문이다. 그래서 키에르케고어의 불안을 미적 범주로 활용하기 위해서는 실존단계의 전체적인 이해를 필요로 한다. 야로슬라브 센숀도 이런 입장에 동조한다. 수많은 작곡가들은 의미 있는 영원성을 명확하게 담기 위해 곡을 쓴다는 점에서 관능적인 직접성만으로 미학적 논의를 전개하는 것은 부적절하다는 것이다. 그래서 "키에르케고어는 음악을 사랑했음도 불구하고 음악이 갖고 있는 영원성에 대한 이해를 돕는 잠재적인 힘을 확신하지 못했다"[2]며 심미적 영역에서 집중적으로 논의된 모차르트(Mozart)의 「돈 조반니」에 대한 분석을 비판한다. 음악적 감성도 심미적 측면 이외에 윤리적이고 종교적 관점 등의 다른 인생의 측면들이 모두 관계되어 형성되어야 함을 강조하는 것이다.

종교적 실존의 단계는 『공포와 전율』이나 『철학적 단편』과 같은 종교적 실존과 밀접하게 연관된 저작들에서 중점적으로 다루어진다.[3] 심지어 『철학적 단편 후서』에서는 종교적 실존을 소크라테스적인 진리를 담고 있는 종교성 A와 그리스도 신성을 중심으로 한 종교성 B로 구분하여 고찰한다. 심미적 실존이 개별자가 자기 자신을 선택하는 정도가 가장 낮은 차원의 단계라면 종교성 B는 가장 높은 차원의 단계에 해당한다.

그런데 『이것이냐 저것이냐』에서는 종교적 실존에 대한 언급이 없다. 그것을 저작할 당시에는 키에르케고어가 종교적 실존에 대한 중

---

2 Yaroslav Senyshyn, "Kierkegaard's Aesthetic Stage of Existence and Its Relation to Live Musical Performance" (Philosophy of Music Education Review 4 (1996): 50-63.

3 『철학적 단편』이나 『철학적 단편 후서』의 익명의 저자는 요하네스 클리마쿠스(Johannes Climacus)이다.

요성을 인식하지 못하였거나 아니면 어떤 특정한 의도에 따라 그것을 다루지 않았을 것이다. 이 문제는 당시 덴마크의 거의 모든 국민이 간단한 세례의식만 거치면 누구나 기독교인이 될 수 있었던 당시의 시대상과 밀접한 관계가 있다. 알래스터 해니(Alastair Hannay)에 따르면, 『이것이냐 저것이냐』 1권을 둘러싼 당시 대중들의 열광적 관심은 그들의 삶이 그들 대부분이 생각할 수 있는 것보다 훨씬 더 심미적인 자세로 치우쳐 있다는 것을 확인해 준다고 말한다.[4] 다시 말하면, 키에르케고어는 『이것이냐 저것이냐』 1권을 통해 당시 기독교가 국교인 덴마크에 만연해 있던 안일한 세속주의의 상태가 무엇인지를 대중들에게 거울처럼 적나라하게 비춰주고 있다는 것이다. 신앙적 순수함을 상실하게 한 당시 기독교의 세속주의는 무엇보다 무정신성을 초래한다. 무정신성과 같은 정신의 침체 상태에는 정신이 배제되어 있기에 불안이 존재하지 않는 것처럼 느껴진다. 무정신성은 불안이 잠복해 있는 상태를 감추고 있기 때문이다. 그럼에도 불구하고 불안은 잠복해 있다. 잠복해 있는 불안이야말로 끔찍한 것이다.

『이것이냐 저것이냐』 1권에서는 이런 세속주의에 빠진 채 자기 실존에 전혀 관심을 기울이지 않는 대중들의 삶을 심미적 단계의 실존으로 규정하고, 직접성의 계시들을 구성하고 있는 감성의 여러 단계들을 문제 삼는다. 그러나 2권에서는 심미가(審美家)인 A와 같이 "심미적 삶을 사는 대중들에게 문제를 제기한 (윌리엄) 판사의 권위 있는 주장을 통해 그들의 도덕적 자세에 대한 중요성을 그 어떤 일반적인 공

---

4 Hannay, Kierkegaard: A Biography, 208.

표보다 훨씬 더 효과적으로 그들의 도덕적 본능에 호소했다.[5] 심미적 단계의 실존을 다루는 『이것이냐 저것이냐』의 1권은 심미가인 A의 소론들로 구성되어 있는 반면, 윤리적 단계의 실존을 다루는 2권은 윤리가(倫理家)인 B의 수기로 구성되어 있다. 심미가 A는 이름이 특정되어 있지 않는 반면, 윤리가 B는 윌리엄이라는 판사로 특정되어 있다. A가 심미적 유희로 사는 인생관을 지녔다면, B는 보편적인 가치를 중시하는 인생관을 지녔다. 현대사회의 시각에서 볼 때, 지나치게 보수적이며 고리타분한 고정관념을 지녔다고 간주할 수 있는 윤리가 B는 시종일관 심미가 A의 인생관을 훈계한다.

심미적 단계를 벗어나기 위한 실존의 변증법은 주체적인 결단을 통해 가능하다. 키에르케고어가 제기하는 양자택일의 문제는 그러한 결단을 위한 물음이었다. 그런데 무정신성은 정신이 운동이라는 과제를 파악하지 못하기 때문에 높은 실존 단계로의 이행을 이뤄내지 못한다. 자기관계라는 정신의 운동을 인식하지 못한 채 내면성이 증발되면 불안이나 절망과 같은 실존적 문제는 피할 수 없다. 더 높은 실존 단계로의 이행은 체계적인 과정을 통해 순차적으로 이루어지지 않기 때문이다.

1. 심미적 실존의 존재가 느끼는 불안

키에르케고어는 자신의 신앙생활에 커다란 영향을 미친 아버지를

---

5 Hannay, Kierkegaard: A Biography, 208.

몹시 존경하며 따랐지만, 행복한 유년기를 보냈다고 회상하지는 않는다. 그는 일기에 "나는 어린 시절이 없었다"거나 "인간적으로 말해서 나는 유년기와 청소년기를 지나쳐버렸다"[6]고 유년기를 떠올리고 있다. 키에르케고어는 이렇게 암울했던 어린 시절을 극복하기 위해 코펜하겐 대학시절 초기에는 호사스럽고도 방탕한 삶으로 생활방식을 바꾼다. 그 흔적은 『이것이냐 저것이냐』 1권에서 잘 드러난다. 그는 모차르트의 「돈 조반니」를 통해 일체의 감수성이 일깨워지는 경험을 하며, 모차르트의 음악이 온갖 육체적·지적 쾌락으로 그의 발견을 북돋는다.[7] 그는 자신을 짓누르고 있는 아버지의 그늘에서 벗어나 인생을 즐기고 싶었던 것이다.

모든 인간은 이런 심미적인 것의 탐닉을 거쳐서 그들의 삶을 시작한다. 감각 자체에 완전히 몰두해 있는 심미적인 것은 인간의 심연에서 아직 표출되지 못한 채 잠재되어 있는 내면성의 예감이다. 심미적인 것은 공상적으로만 가능한 환상-실존 속에 있기 때문에 내면성을 드러내지 못하는 것이다. 그렇기 때문에 그것은 불안의 지배를 받는다. 불안은 내면의 자기화가 실현되지 못하고 있음을 알려주는 신호이기 때문이다.

심미적인 것은 키에르케고어가 모차르트 음악을 접할 때 느낄 수 있었던 숭고한 감정에 내재되어 있거나 감각주의적 낭만주의로부터 기인된 적나라한 성애(性愛)까지 포괄하는 개념이다. 키에르케고어는

---

6 Kierkegaard, The Point of View for My Work as an Author (Harper Torch Books, 1962), 131.

7 샤를 르 블랑, 이창실 옮김, 『키에르케고어』, 서울: 동문선, 1998, 33.

『이것이냐 저것이냐』 제1권의 앞부분에서 모차르트의 오페라 「돈 조반니」를 통해 인간의 직접성 안에 있는 숭고한 감성에 대해 묘사한다. 음악을 통해 전율할 수 있는 인간의 감성적 욕망에 뿌리박고 있는 것은 감성적-에로스적인 것의 한 가지 양상이라는 것이다. 키에르케고어가 플라톤의 『향연』에서 이끌어낸 '에로스적인 것'은 인간이 자신의 힘으로 충동적인 성애를 승화해서 영적으로 완벽한 신의 세계를 향해 가고자 하는 욕망이다. 그런데 심미적 실존은 에로티시즘 같은 불완전한 향락 속에서 벗어나지 못한 어긋난 에로스인 감성적-에로스의 상태이다. 에로스적인 것이 충동적으로 나타나 있는 감성적-에로스적인 것은 인간의 원초적인 감각만을 충족시키고자 하기 때문에 환상-실존에 머물게 한다. 그래서 심미적 실존은 자기가 되는 문턱에서 좌초하는 순간들로 채워지며, 이러한 상태가 극한으로 치닫을 때 인간은 절망의 상태에 처하게 된다.

심미적 단계의 실존이 외화된 형태는 사실상 감각적 세속주의자들의 생활방식과 다름없는 것이다. 키에르케고어가 그의 박사논문 '아이러니의 개념'에서 소크라테스의 아이러니를 취급한 후 낭만주의의 아이러니를 분석하고 평가할 때와 『이것이냐 저것이냐』에서 낭만주의적이고 반어적 생활방식, 즉 미적 실존양식을 묘사할 때 그가 주안점으로 둔 것은 주로 「루신데」에서 비춰진 감각주의적 낭만주의였다.[8] 독일 낭만주의의 중심 사상가 가운데 한 사람인 슐레겔(F. Schlegel)의 유일한 소설작품인 「루신데」는 낭만적 사랑에 대한 담론을 펼치는 가운데 욕망에 대한 전복적 성격을 거침없이 표출한 작품이다. 이 작품에

---

8 김종두, 『키에르케고어의 실존 사상과 현대인의 자아이해』 (서울: 엠-애드, 2002), 79.

서 낭만적 사랑은 남녀의 완전한 합일을 구하는 것을 이상으로 삼고 있는데, 이때 발생하는 에로티시즘은 억제의 대상이 되지 않는다. 이런 사랑을 실현하기 위해 「루신데」에서 묘사된 노골적인 에로티시즘은 당시의 대중들에게도 파격적인 것이었다. 이처럼 키에르케고어가 「루신데」에서 주목하고 있는 낭만주의는 정신주의적 낭만주의가 아니라 매우 저속한 낭만주의였다.[9] 그렇지만 정신적인 것들을 중시하는 낭만주의의 측면에서는 「루신데」를 낭만주의의 이상과 이념을 대변해 주는 작품이라고 간주하지 않는다. 그래서 키에르케고어가 심미적 실존의 전형을 낭만주의자들의 생활방식에서 찾는다는 견해에 대해서는 많은 이의가 제기되어 왔다.

「루신데」의 남자 주인공인 율리우스는 『이것이냐 저것이냐』의 「유혹자의 일기」에 등장하는 젊은 유혹자 요하네스와 비견된다. 그리고 그와 더불어 이 저작의 제1편에서 소개되고 있는 돈 주안, 네로, 칼리큘라 등을 포함한 여타 인물들도 다 감각적인 탐미주의자들로서 여하한 사회적인 인습과 도덕적인 규범에도 매임이 없이 한 우월한 위치에서 현실을 내려다보듯 관망하며 초연한 자세를 취한다.[10] 그들은 오직 자신의 쾌락의 관점에서 심미적인 유희로 삶을 살아간다. 키에르케고어에 따르면, 이런 종류의 욕망이란 것은 매우 복잡 미묘한 정열이며 매우 웅변적인 것이라고 설명한다. 원초적인 욕망이 자기의 합리

---

9 「루신데」의 저자 프리드리히 슐레겔도 사실은, 그 당시 사회 관습과 윤리와 도덕을 완전 부정하고 자신의 에로스적 욕망과 미감각만을 충족시키는데 초점을 맞추어 자유분방한 삶을 추구한 저속한 감각주의자로 낙인을 찍기에는 정신적인 것들을 너무나도 중시했다(김종두, 『키에르케고어의 실존 사상과 현대인의 자아이해』, 78-79).

10 김종두, 『키에르케고어의 실존 사상과 현대인의 자아이해』, 77.

화를 위해 얼마나 능숙하게 자신을 기만하는지 놀라울 따름이라는 것이다. 그러한 욕망에 사로잡혀 있는 감각적 탐미주의자들에게 삶은 일장춘몽일 뿐이다. 이에 따라 『이것이냐 저것이냐』에 등장하는 낭만주의적 인물들인 돈 후안이나 요하네스, 그리고 네로는 전복되고 어긋나 있는 에로스의 상태인 원초적 욕망의 대상이 된다. 그들은 『이것이냐 저것이냐』 제1편에서 심미적 단계의 존재가 느끼는 불안의 각기 다른 양상들을 대변하게 한다.

『이것이냐 저것이냐』의 제1편에서 첫 번째 단편으로 소개된 「디아프살마타」는 잠재적으로 언제든지 절망에 도달할 수 있는 심미가 A의 실존이 무엇인가를 잘 나타내 주고 있다. 특정한 이름이 없는 A라는 것은 그 정체가 고정될 수 없는 어떤 상태나 다름없다. '두 사람 사이의 단편들'이라는 의미의 「디아프살마타」에 수록된 A의 여러 가지 단편들은 서로 일관성을 찾아볼 수 없지만, 그것들을 관통하는 기본적인 정조는 우울이다. 여러 단편들에 짙게 배어 있는 우울과 허무는 당시 키에르케고어의 심상(心象)을 직접적으로 표현한 것이기도 하다.

내 영혼은 하도 무거워서 어떤 사상도 그것을 지탱할 수가 없고, 어떤 날개도 그것을 하늘 높이 들어 올릴 수 없다. 나의 영혼은 움직인다 하여도, 폭풍우가 다가올 무렵에는 새들이 날개 날듯이 땅 위를 아슬아슬하게 날 뿐이다. 나의 내밀한 마음의 공간에는 지진을 예감하는 중압감으로 우울과 불안이 감돌고 있다.[11]

---

11 키에르케고어, 『이것이냐 저것이냐』, 1권, 54.

A와 같은 심미가는 선택을 하지 않는 삶을 살기 때문에 자유선택으로서의 자아가 들어설 수 없다. 그렇기 때문에 "자아를 설립하는 정신의 거절로부터 온 좌절은 낯설고 억압적인 우울로 귀결된다."[12] 인간의 정신은 의식을 점진적으로 증가하게 하여 좀더 높은 차원의 형식으로 인도하려는 무한성의 운동이 있는데, 우울은 이 중심 주위를 역행적으로 돌며 진심으로 의욕하지 않는 분위기를 만든다. 말이 없는 밤의 적막을 유일한 자신의 심복이라며 밤이 만들어주는 환상의 산물들을 좋아하는 A에게 자기 자신은 증발한다. 우울 속에서 감정은 공상적으로 변하기 때문이다. 자기와 연관된 시간은 없어지며, 자신이 환상이 되는 상태는 라캉의 거울단계와 다름없다. 개인이 심미적으로 추상적인 운동에 매몰되면 자신에게 환상적으로 되비쳐진 가능성의 거울은 거짓을 말한다. 자기 환상 속에 사로잡혀 소통이 되지 않는 A는 자기 폐쇄성의 상태에 처해 있는 것이다. 이처럼 자기 관계를 맺지 못하는 심미적 실존의 바닥에는 불안이 서려 있다. 불안의 가능성에 빠질 경우, 인간은 우울한 마음을 지닌 채 불안을 쫓아간다.

두 번째 단편인 「에로스적인 것의 직접적 단계, 혹은 음악적이며 에르스적인 것」에서는 A가 모차르트 오페라 「돈 조반니」의 주인공인 돈 후안과 유관하다는 생각을 보인다. 이 단편에서 키에르케고어는 유혹으로 규정된 바람둥이 돈 후안 속에 깃들인 이념을 통해 A의 실존에 나타나는 본질적인 불안을 고찰한다. 세 번째 단편인 "현대의 비극적인 것에 반영된 고대의 비극적인 것"에서는 안티고네의 불안을 비극

---

12 Louis Dupré, A Dubious Heritage: Studies in the Philosophy of Religion after Kant (Paulist Press, 1977), 31.

성 속에서 고찰한다. 또한 제2편에서는 병적인 상태로써 네로의 불안을 설명하고 있다.

『이것이냐 저것이냐』에서 소개되고 있는 돈 주안, 안티고네 그리고 네로 등은 모두 키에르케고어의 분신이나 다름없는 인물들이다. A는 이들을 통해서 자기가 만들어 놓은 환상의 세계에 머무르며 감각적인 탐미주의자들로서 자신을 구속하는 여하한 조건이나 환경 또는 상황에 매임이 없는 초연한 자세를 취한다. 이들은 자유분방한 삶을 살아가기 위해서 마치 나비가 꿀을 찾아 헤매듯이 이리저리 다른 즐거움의 대상으로 배회하고 있는 것이다. 그렇기 때문에 심미적 존재의 인생관은 인간 정신의 마디마디에 위기를 초래하게 된다.

1) 돈 후안의 본질적 불안

키에르케고어에 따르면, 고전적인 작품 속에서 고동치는 심오한 화음은 후대의 삶에 끊임없이 새로운 수용과 자극을 준다. 키에르케고어는 모차르트의 오페라 중 최대의 걸작에 속하는 「돈 조반니」가 바로 그런 작품이라며 이것을 모든 고전작품 중에서 최고의 위치에 놓는다. 아울러 그는 「돈 조반니」와 같은 기막힌 음악적 소재를 선취하게 된 모차르트의 탁월성을 높이 평가한다. 이런 찬사 속에서 『이것이냐 저것이냐』 제1권에 수록된 단편 "에로스적인 것의 직접적 단계, 혹은 음악적이며 에로스적인 것"은 「돈 조반니」에 대한 비평을 담고 있다. 이 단편에 등장하는 주인공 돈 후안이 지닌 무한한 정열의 힘은 특정한 개인의 상징이 아니라 개념으로 간주된다. 그것은 불안 속에서 태어난 감성의 전체적인 힘이다.[13] 모차르트의 음악을 통해 형상화된 돈 후안의 감성적 천재성 속에 도사리는 힘은 돈 후안을 유혹자로 부르게 만든다.

돈 후안이라는 소재는 1613년 스페인의 성직자 티르소(Tirso de Molina)의 희극「세비야의 농락자와 초대받은 석상」에서 유래한 이후 유럽 전역으로 퍼져 나간 것이다. 그렇지만 키에르케고어가 주목하는 것은 1787년 초연된 오페라「돈 조반니」로 작곡가 모차르트와 대본작가 다 폰테(Da Ponte)의 합작으로 탄생된 것이다. 이것은 이탈리아의 희극적 오페라의 전통을 이어받았으나, 모차르트는 여기에 안주하지 않고 음악을 통해 게르만적인 정신과 라틴의 감각적 향락을 결합시킴으로써 돈 후안 소재를 가장 탁월하게 독일적으로 형상화하는 데 기여했다.[14] 오페라「돈 조반니」를 러시아나 독일에서는 흔히「돈 후안」이라고 부르고, 주인공 돈 후안을 영어로 돈환이라 부른다. 본고에서는「돈 조반니」의 주인공을 돈 후안으로 표기한다.

향락적 실존 속에서의 불안

키에르케고어는 자신의 내밀한 본질을 사로잡은 것은 모차르트의 음악이었고, 이것을 통해 인간의 순수한 직접성 안에 있는 감성에 관

---

13 키에르케고어, 『이것이냐 저것이냐』, 2권, 235.

14 Feliciano P. Varas, Anmerkungen zum Schicksal des Don Juan in Deutschland in Brigitte Wittmann (Hg.), Don Juan. Wege der Forschung (Darmstadt, 1976), S. 241; 김성곤, "모차르트의 돈 조반니와 호프만의 돈 후안", 「한국독어독문학교육학회」 [2010], 152에서 재인용.

해서 말할 수 있게 되었다고 말한다. 그는 「돈 조반니」를 증거로 직접성의 계시들을 구성하고 있는 감성의 여러 단계들을 문제 삼는다. 감성적인 것이 깨어나는 첫째 단계는, 깊은 암흑 속에서 아직 깨어나지 않은 우울한 예감에 불과한 욕망이 현존하지만 그 욕망은 아직 자신의 대상을 갖지 못하는 상태이다. 「돈 조반니」의 예감으로 제시되는 둘째 단계는, 아직 명확하게 규정할 수 없는 욕망이 깨어나면서 그것의 다양성을 발견한다. 「돈 조반니」의 절대적인 욕망에 의해 제시되는 세 번째 단계는, 개별적인 개인 속에서의 욕망이 아니라 "정신에 의해서 배제되는 것으로서 정신적으로 규정된 원리"[15]로서의 욕망이다. 욕망이라는 것을 개인이 아닌 개념이나 원리로 표현된 것이 돈 후안이다. 심미가 A에게 이것은 "감성적인 천재성의 이념"[16]이다. 심미가 A는 허다한 철학적인 노작(勞作)에 결핍되어 있는 것, 즉 내면을 간과하는 문제점을 수정하기 위해 청각이 가장 친근한 감각이 되었다고 주장한다. 청각은 내면을 포착할 수 있다고 생각하며 청각과 내면이 접촉하는 통로로 음악을 해석하게 된 것이다.

돈 후안 속에 깃들인 이념이 언제 시작되었는가의 문제는 돈 후안이 지닌 정열의 힘을 깊이 있게 이해하기 위해 중요하다. 돈 후안은 "생사를 걸고 정신적인 것에 반항하는 감성적인 것으로 나타난 존

---

15 키에르케고어, 『이것이냐 저것이냐』, 1권, 152. 이 문장은 『불안의 개념』에서의 '불안은 공감적 반감이며 반감적 공감'이라는 의미처럼 욕망은 정신에 의해 배제되지만 욕망하게 되는 유혹적인 것이 깃들여 있다고 해석할 수 있다.

16 감성적인 천재성의 이념은 심미가 A의 관점에서의 욕망이다. 심미가 A는 모차르트의 음악성에 나타나 있는 감성적 천재성의 이념을 나타내는 대표작으로 「돈 조반니」를 주목한다. 이 작품이 모차르트를 고전적인 작곡가로 만들고, 불멸하게 만든 것이라는 생각을 바탕으로 A는 돈 후안의 가장 내밀한 본질과 접속한다.

재"[17]이기 때문이다. 키에르케고어에 따르면, 그 시기가 분명하지는 않지만 대체로 그리스도교의 시대와 중세에 속하고 있다는 사실은 분명하다고 지적한다. 이에 대해, 까밀라 슬릭(Camilla Sløk)은 다음과 같은 세 가지 역사적인 시대의 구별을 통해 돈 후안을 이해하는 것이 필요하다고 주장한다.[18] 첫째는 그리스 문화와 그 시대의 관능성에 대한 이해, 둘째는 영혼과 육체에 대한 기독교적인 이해, 그리고 셋째는 관능적 감성에 대한 중세시대에 대한 새로운 이해가 그것이다. 중세시대에서 돈 후안의 등장이 곧바로 그리스시대의 감성에 대한 이해로의 복귀를 의미하지는 않는다는 것이다. 키에르케고어가 그리스시대의 감성과 중세시대의 감성에 대한 이해의 차이를 정신이라고 명확하게 언급하는 이유는 돈 후안이 중세시대인 세 번째 시대를 대변하기 때문이다.

그리스적인 의식에서 감성은 사랑의 신(神)이었던 에로스가 원리로써 규정되어 있지 않은 것이다. 이에 따라 에로스적인 것은 세계의식이 발전을 거듭하는 여러 단계에서 갖가지 형태로 그 모습을 드러낸다. 키에르케고어에 따르면, 이런 형태 변화에 대한 고찰은 우리를 "직접적-에로스적인 것은 곧 음악적-에로스적인 것과 동일한 것"이라고 하는 결론을 내리게 인도해 줄 것이라 주장한다. 이것은 세 가지 시대에서의 에로스적인 것의 발전을 자연스럽게 다음과 같은 두 가지 범주로 재편해서 고찰하게 한다.

---

17 키에르케고어, 『이것이냐 저것이냐』, 1권, 158.

18 Camilla SløK, "Don Giovanni as the Re-entry of the Spirit in the Flesh," Kierkegaard Studies Yearbook 2008, 141-45.

첫 번째 범주에서는 그리스의 에로스와 그리스도교에서의 감성과 정신의 차이에 대한 이해가 필요하다. 정신에 의해 배제되는 것이 정신보다 앞서 존재할 수 없기 때문에 그리스도교는 감성을 정신의 한 규정으로 간주한다. 정신에 의해서 배제된 직접적인 것은 감성적인 직접성이 된다. 이것은 그리스도교에 의해서 인식된 것이다. 그러므로 원리로서의 감성은 그리스적인 의식 속에서는 찾아볼 수가 없고, 감성의 원리에다 터전을 두고 있는 원리로서의 에로스적인 것도 찾아볼 수가 없다.[19] 원리로서의 감성은 그리스도교에 의해서 정립된 것이다. 키에르케고어는 돈 후안을 다룰 때 다음과 같은 점을 반복해서 언급한다.

돈 후안은 항상 이념적인 존재, 즉 힘이나 생명으로서의 존재와 개인으로서의 존재 사이에서 떠돌고 있다. 그러나 이 떠도는 상태는 음악적인 몸부림이다.[20]

키에르케고어는 돈 후안을 개인으로 간주하길 원치 않는다. "왜냐하면 그가 어떤 특정한 개인으로 간주되는 순간 곧 악센트는 전혀 다른 곳에 붙게 되기 때문이다. 즉, 그가 누구를 그리고 어떻게 유혹하였는가 하는 점이 강조하게 된다."[21] 돈 후안을 개인으로의 존재로 접근하면 그에 대한 관심은 그의 여성편력에 집중되겠지만, 반대로 음

---

19 키에르케고어, 『이것이냐 저것이냐』, 1권, 112.
20 키에르케고어, 『이것이냐 저것이냐』, 1권, 164.
21 키에르케고어, 『이것이냐 저것이냐』, 1권, 165.

악 속에서 해석되어 돈 후안이라는 존재를 은유적으로 표현할 때 그는 우주적인 요소로의 자연의 힘인 것이다. 그는 개념과 개인 사이를 떠돌며 교묘한 술책이 없이 무언가를 향하는 자연과도 비교되어질 수 있다.[22] 그는 자연 그 자체이다. 또한 돈 후안이 개념과 개인 사이를 떠돌며 드러내는 관능성의 개념도 마찬가지다. 이처럼 키에르케고어가 감성에 관해서 언급할 때, 돈 후안은 개인이 아니라 원리라고 말한다. 이런 이유로 키에르케고어는 그리스 문화에서 영혼적으로 규정되어 있던 에르스적인 것에 대한 다른 이해를 나타낸다. 에로스적인 것이 유혹으로 규정되는 것이다. 돈 후안의 사랑은 그리스인처럼 영혼적이지 않는 모든 여성을 유혹하는 감성적인 사랑이다. 그것은 오직 그 한 순간일 뿐이다. 그런데 그 순간은 여러 순간의 합이고 이렇게 해서 유혹자가 성립된다.

두 번째 범주에서는 기독교와 중세시대 사이에서 재도입되는 감성의 문제에 대한 고찰이 필요하다. 중세시대는 감성과 정신의 재공식화를 위한 역사 속의 결정적인 시간이며, 그래서 돈 후안이 모습으로 나타난 시기이다. 중세시대는 감정을 정신의 한 규정으로 간주하며 그리스도교가 이 세계에 초래한 영과 육의 갈등을 고찰하고자 하는 주제로 간주할 수밖에 없었다. 이 갈등에서 서로 싸우는 힘들을 따로 고찰하여 보면 "돈 후안은 육신의 성육신(聖肉身)이고, 혹은 육신의 영에 의한 육신의 영화(靈化)라고 할 수 있을 것이다."[23] 이런 재구성은 또한 유혹에 대한 새로운 이해를 암시한다. 돈 후안의 성격을 내밀하게

---

22 SløK, "Don Giovanni as the Re-entry of the Spirit in the Flesh," 147.

23 키에르케고어, 『이것이냐 저것이냐』, 1권, 157.

들여다보면 돈 후안에게 붙여진 유혹자라는 꼬리표는 적절하지 않은 측면도 있다. 그는 반성이나 언어를 사용하지 않는 순수한 직접성 안에 있는 상태이기 때문이다.

데모니시(dämonisch)한 삶의 환희인 불안

중세는 영과 육의 불협화음에 주목할 수밖에 없고 그 극단에서 각각이 서로 싸우는 힘들을 전형적으로 보여준다. 이것은 그리스시대와 비교할 때 영혼과 육체 사이의 차이에 대한 새로운 이해라고 할 수 있다. 중세 시대에 나타난 정신적인 것에 대한 대립이 한창 심화되었을 때 비로소 "돈 후안이 생사를 걸고 정신적인 것에 반항하는 감성적인 것으로 나타난 존재라고 하겠다."[24] 돈 후안은 기독교의 정신 이전에는 등장할 수 없었지만 감성에 대한 이해가 새롭게 등장하면서 이끌려 나온 개념인 것이다. 그러므로 돈 후안이란 개념은 중세시대의 감성과 정신 사이의 차이에 대한 재조명을 이끌어내고 날카로웠던 감성과 정신의 대립 사이의 조화를 이룬다.

그런데 만일 이 대립이 격화되었다고 가정한다면, 감성과 정신은 완전히 분리되었을 것이다. 오로지 정신으로만 규정된 정신이 감정을 완전히 배제한 채 보다 높은 영역으로 들어가 버린다면, 현세적인 것은 감성적인 힘에게 그 장소를 양도할 수밖에 없다. 정신적인 것이 없는 그곳은 감성이라는 것을 위한 왕국이 되고 만다.

---

24 키에르케고어, 『이것이냐 저것이냐』, 1권, 158.

중세는 어떤 지도에서도 찾아볼 수 없는 어떤 산에 관해서 많이 언급하고 있다. 그 산은 비너스가 살고 있다는 사랑의 산이다. 감성은 거기에서 거처를 정하고 거기에서 자신의 난폭한 쾌락을 즐긴다. …거기에는 오로지 원초적인 정열의 소리와 환락의 희롱과 도취경에서 터져 나오는 난폭한 고함소리만이 들려올 뿐이고, 사람들은 영원한 황홀경 속에서, 그런 것들을 오로지 향락을 위해 향락할 따름이다. 이 왕국이 낳은 첫째 자식이 돈 후안이다.[25]

이상에서 언급한 전설보다 돈 후안에 대한 근본적인 인상을 어떻게 더 잘 묘사할 수 있겠는가? 그는 어떤 자연의 "힘이나 생명으로서의 존재와 개인으로서의 존재 사이에서 떠도는"[26] 존재이기 때문이다. 돈 후안은 감각주의의 개념이자 화신인 것이다. 「돈 조반니」의 음악적인 주제로 되돌아가서 보는 바람둥이 돈 후안의 사고방식과 생활 태도는 어떠할까? 이에 대해 까밀라 슬릭은 키에르케고어가 돈 후안이 나타내는 향락은 용인될 수 있는 것이라는 입장을 취한다고 주장한다. 그것은 돈 후안이 간교한 지혜와 술수로 여자들을 유혹하지 않기 때문이다. "반성적인 유혹은 비난받을 만한 것이기 때문에 받아들여질 수 없다. 용인될 수 있는 유혹과 용인될 수 없는 유혹의 결정적 차이는 반성이다."[27] 진짜 유혹자는 어떻게 하는 '방법'을 쓰는 데 비해서 돈 후안은 어떤 방법도 취하지 않는다. 돈 후안이 유혹하는 데 사용한 힘은

---

25 키에르케고어, 『이것이냐 저것이냐』, 1권, 160.

26 키에르케고어, 『이것이냐 저것이냐』, 1권, 164.

27 SløK, "Don Giovanni as the Re-entry of the Spirit in the Flesh," 152.

순수하고 직접적인 감성적 욕망이다. 돈 후안은 성적 유혹이라는 것을 알지 못하기 때문에 애당초 "윤리적인 규정 밑으로 들어올 수가 없는 존재"[28]인 것이다. 그래서 키에르케고어는 유혹을 다음과 같이 설명하며 돈 후안을 통상적인 유혹자로 간주하지 않는다.

유혹자가 되기 위해서는 언제나 어느 정도의 반성과 의식이 요구되지만, 그것이 현존하자마자, 그때는 교활하다느니, 음모니, 간사한 계획이니 하는 말을 써도 무방하기 때문이다. 이런 의식이 돈 후안에게는 결여되어 있다. 그런 까닭으로 인해서 돈 후안은 유혹하는 것이 아니다. 그는 욕망이고, 이 욕망이 그를 유혹하듯이 행동하게 한다. 이런 점에 있어서는 그는 유혹한다고 할 수 있다.[29]

결과적으로, 돈 후안은 반성되지 않은 그리고 윤리적이지 않은 범주의 공간을 차지하는 어떤 것으로써 새로운 감성을 정의하게 된다. 그러나 돈 후안의 새로운 감성이 모든 것을 용인하는 것을 의미하지는 않기 때문에, 키에르케고어는 반성적 돈 후안과 음악적 돈 후안으로 구분한다. 반성적 돈 후안이 상대를 계획적이고 지속적인 시간 속에서 속임수와 계략으로 향락한다면, 음악적 돈 후안은 어떤 계획이나 반성도 없이 단숨에 자신의 대상을 포획하는 직접적으로 향락하는 유혹자이다. 반성이 등장하게 되면 음악적 돈 후안은 이미 피살되고, 음악은 침묵하고 말기 때문에, 무기력하게 몸부림치지만 아무런 견고성

---

28 키에르케고어, 『이것이냐 저것이냐』, 1권, 177.
29 키에르케고어, 『이것이냐 저것이냐』, 1권, 177.

도 찾아볼 수 없는, 음향 속에서도 찾아볼 수 없는 절망적인 반항만이 남는다.[30] 순간적인 질투에서 욕망이 깨어나는 돈 후안은 반성적인 개인이 아니기 때문에, 모차르트의 「돈 조반니」에 구현된 바람둥이는 음악적 돈 후안이다. 음악적 돈 후안의 유혹은 말하는 것보다 더 빠르게 어떤 여인의 모든 것을 장악하는 관능의 힘을 지닌다.

돈 후안은 「돈 조반니」의 주인공이고, 그의 정열은 다른 극중 인물들의 정열을 일깨운다. 그는 이 작품의 공통분모인 것이다. 그의 음악적인 것이 되는 정열은 자기반성적일 필요가 없기 때문에 직접성 속에서 표출된다. 그 정열은 이 오페라 속에서 꿈틀거리는 원초적인 욕망 속에서 타오르는 불안이다. 그리스도교에 의해서 인식된 정신과 감성적인 직접성 그리고 영혼적으로 존재하고 있는 원초적인 감성과의 싸움이 그것이다. 그러나 그 싸움은 이미 승패가 결정되어 있는 것이나 다름없는 것이다. 정신에서 물러서기도 하고 달아나기도 하는 "이런 도망이야말로 바로 그것이 지닌 정열이고, 짤막한 삶의 희열 속에서의 타오르는 불안"[31]이다. 도망을 통해서 유발되고 파장을 일으키는 운동이 너무 빨라 인식하기 어려운 정도에 이르면 음악을 듣는 것이 필요하다. 왜냐하면 이 싸움은 말의 싸움이 아니라 자연의 힘의 광란이기 때문이다.[32] 자연 속에서 들려오는 힘없는 소리 하나가 저 까마득한 지평선에서 섬광처럼 보일 때처럼 돈 후안이 인지하는 최초의 예감 후에 그가 출현할 때의 힘의 예감은 바로 그런 것이다.

---

30 키에르케고어, 『이것이냐 저것이냐』, 1권, 160.
31 키에르케고어, 『이것이냐 저것이냐』, 1권, 231.
32 키에르케고어, 『이것이냐 저것이냐』, 1권, 231.

이때에 눈이 최초의 섬광 속에서 이 불빛을 예감하듯이, 음악의 경우에 있어서도 귀가 최초의 바이올린의 꺼질 듯 말 듯하는 현음(弦音) 속에서 그 음악이 지닌 정열 전체를 예감한다. 그 불빛 속에는 불안이 깃들어 있다. 그것은 마치 깊은 암흑 속에서 도사리고 있는 불안 안에서 태어난 것과도 같다.[33]

"돈 후안의 삶은 바로 이런 것이다. 그의 속에는 불안이 깃들어 있지만, 이 불안은 그의 에너지다. 그것은 주체적으로 반성된 불안이 아니라, 실체적인 불안이다."[34] 돈 후안의 삶은 부정적 자기의식으로 인한 절망의 상태가 아니라 인간의 본질적인 불안 속에서 태어난 감성의 전체적인 힘이다. 「돈 조반니」가 연극이었다고 한다면 이 시추에이션을 음악적으로 만드는 것은 돈 후안이고, 그 속에 깃들여진 돈 후안 자신의 불안은 바로 "데모니시(dämonisch)한 삶의 환희"인 것이다. 돌연히 침투해 오는 불가해한 에너지인 데모니시는 현대 정신분석학에서 무의식 영역에 작용된다고 이해되는 비합리적 작용의 힘이 끊임없이 느껴지는 불안의 한 양상이다.

2) 안티고네의 비극적인 불안

키에르케고어는 "비극적이란 말을 별다른 내용 없이 무(無)를 감싸

---

33 키에르케고어, 『이것이냐 저것이냐』, 1권, 234.
34 키에르케고어, 『이것이냐 저것이냐』, 1권, 235.

고 있는 무의미한 괄호"에 불과하다고 주장하는 견해는 오히려 비극의 개념을 풍부하게 해준다고 설명한다. 이제까지 비극적인 것에 대한 일반적인 규정과 요구는 아리스토텔레스의 『시학』에서 의거해 수립된 것이다. 그러나 키에르케고어는 아리스토텔레스의 비극에 대한 고찰은 충분하지 않다며 비극적인 것에 대한 새로운 의미를 찾는다. 키에르케고어는 특히 소포클레스(Sophokles)의 비극 「안티고네」를 주목하며 거기에서 비극적인 것이 자아내는 비애를 불안이라는 현상 속에서 파악한다.

「안티고네」는 「콜로누스의 오이디푸스」와 「오이디푸스 왕」과 더불어 3부로 이루어진 소포클레스의 비극이다. 그리스 신화에 나오는 테베 땅의 왕인 오이디푸스는 라이오스 왕과 이오카스테 왕비 사이에서 태어난 인물이다. 오이디푸스는 테베의 왕이었던 자신의 아버지 라이오스를 살해하고, 자신의 어머니인 줄도 모르고 왕비와 결혼하였다. 안티고네는 이런 결혼을 통해 태어난 딸이다. 「안티고네」에서 오이디푸스 왕의 두 아들 포리네이케스와 에레오클레스는 아버지가 죽고 나서 왕위 계승권을 둘러싼 권력투쟁 끝에 둘 다 죽고 만다. 남매의 숙부인 테베의 왕 크레온은 테베를 공격하다가 전사한 포리네이케스의 매장을 금지하고 그를 짐승의 밥이 되도록 버리라고 명령한다. 안티고네와 자매지간인 이스메네는 안티고네에게 권력을 가진 자에게는 무조건 복종해야 한다고 충고한다. 그러나 안티고네는 그런 이즈메네에게 증오를 나타낸 뒤 크레온 왕의 금령을 어기고 포리네이케스를 매장하려 한다. 크레온은 자신의 명령에 도전한 안티고네에 대해 크게 분노하여 그녀를 지하 감옥에 가두지만 그녀는 스스로 목을 매어 자살함으로써 오이디푸스 가문의 비극적인 운명을 이어간다.

비극의 대명사가 된 안티고네에 의해 초래되는 비극은 테베라는 조국을 배반한 오빠의 시신을 매장하지 못하도록 금지한 삼촌 크레온 왕의 명령을 거부하는 데서 시작된다. 크레온은 자신의 명령에 정면으로 도전한 안티고네에 대해 크게 분노하며 "살아 있어도 죽어 있는 자"로 만들어 버린다. 그런데 키에르케고어는 어떤 피할 수 없는 운명의 메아리 속에 있는 안티고네의 사례에서 비극적 불안을 감지한다. 그것은 친부 살해와 친모와의 근친상간이라는 오이디푸스의 슬픈 운명이 드리워진 오빠의 불행한 죽음 속에서 감지되는 안티고네의 불행한 운명이 증폭된 상실감과 비애가 불러오는 불안이다.

『이것이냐 저것이냐』제1편의 3장인 "현대의 비극적인 것에 반영된 고대의 비극적인 것"이란 단편에서 키에르케고어는 자신이 쓴 각주에서 다음과 같이 말한다. 이 단편은 "어떤 이유로든 정신적으로나 지성적으로 매장되고 고립된 사람들"로 구성된 유령의 모임에서 자신이 행한 연설이라고 밝힌다. 키에르케고어도 비극적인 삶을 마감한 안티고네처럼 자신을 그렇게 고립된 존재로 여기고 있음을 심미가 A를 통해서 나타내고 있는 것은 아닐까? 어쨌든 키에르케고어는 안티고네라는 고대의 비극을 현대적인 비극의 주제로 바꾸어 비극적인 것에 속하는 불안을 이끌어낸다.

상실과 비애가 불러오는 불안

키에르케고어는 비극적인 것을 논의하기 위해 고대 비극의 특징을 이루는 골간이 근대 연극 속에서 어떻게 전유되고 있는지를 살펴본다. 고대 비극의 특징은 줄거리만 강조될 뿐 개개의 사람이나 성격을 표현하기 위해 행동하지 않기 때문에 줄거리가 곧 사건이다. 그렇게 되는 이유는 물론 "고대의 세계가 충분한 주체적 자의식과 반성을 거친 주체성을 갖고 있지 않다는 사실에 있다."[35] 그리스 비극에서는 개별자의 자의식이 개입되지 않는 직접성 속에서의 세계가 인간적 삶에 본질적인 것으로 그려진다. 이에 반해서 현대 비극의 "주인공은 주체로서의 자의식을 가지고 있고, 충분히 반성적이다. 그리고 이 반성은 국가와 종족과 운명과 관계되는 모든 직접적인 매개로부터 그를 분리시킬 뿐만 아니라, 때로는 자기 자신의 종전의 생활로부터도 그를 분리시킨다."[36] 오로지 특정한 주인공의 개별적 이야기를 중심으로 전개되는 현대의 비극에서는 직접적인 것이나 서사시적인 흔적은 전혀 아무것도 남아 있지 않다.

이상과 같이 고대의 비극과 현대의 비극 사이에는 일정한 차이가 있다. 그 차이는 비극적인 죄과가 지닌 성질의 차이다. 그리스 비극에서 주인공의 죄과는 고통을 짊어지는 수고(受苦)의 성질을 갖는다. 반대로 주체성이 반성적인 것이 되면 될수록, 개인은 자기 자신으로 남게 되고, 그의 죄과는 더욱 더 윤리적인 것이 되는 것을 알 수 있다.[37] 고대의 비극에 있어서는 "개인이 자유롭게 활동하고 있다고는 하지만, 그는 여전히 국가나 혈족이나 운명 등의 현실적인 여러 범주 속에 머물러 있다."[38] 이와 반대로 현대의 비극에 있어서 주인공의 몰락은

---

35 키에르케고어, 『이것이냐 저것이냐』, 1권, 255.
36 키에르케고어, 『이것이냐 저것이냐』, 1권, 256.
37 키에르케고어, 『이것이냐 저것이냐』, 1권, 257.
38 키에르케고어, 『이것이냐 저것이냐』, 1권, 256.

전적으로 자신의 행동에 의지해 그 결과가 좌우된다.

그리스의 비극에 있어서의 비애는 주관적으로 반성되지 않는 직접적인 것이기 때문에 비애가 더욱 깊게 된다. 키에르케고어는 「안티고네」가 바로 그런 순수한 비극적 관심을 중심으로 전개된다고 설명한다. 여성으로서 그녀는 그 자체가 비애를 보이기에 충분할 정도로 직접성을 가질 것이다. 비애를 경험하기 위한 비극적 죄과는 죄과와 순결 사이에서 동요하고 있어야만 한다. 죄과를 그녀의 의식 속으로 옮겨 놓는 것은 항상 직접성의 규정이어야 한다. 직접성이야말로 바로 비애를 보다 깊게 만드는 것이다. 개별자로서의 주체성이 개입되지 않는 직접성 속에서 그려지는 안티고네의 비극은 단순한 주관적 죄과 이상의 것인 물려받은 죄과이다. 그리스 비극 그 자체 속에서 우리는 안티고네의 비애가 고통으로 변해가는 것을 찾아볼 수 있다. 그런데 키에르케고어는 여기서 그리스 비극을 새롭게 통찰하며 안티고네에 내재된 비극적인 것의 현대적인 이념을 발견한다.

운명적으로 규정된 불안

안티고네에게 비극적인 죄과는 왕의 금령을 어기고 오빠를 매장해 준 일이다. 이것은 「안티고네」의 핵심적 내용이며, 이 사건에서 여러 중요한 문제가 대두된다. 엄격한 의미에서 「안티고네」에 대한 쟁점은 헤겔에 의해 제기되기 시작했다. 헤겔은 안티고네를 '아름다운 영혼'으로 표상화하기도 하지만, 그녀가 주체적인 의식에는 이르지 못하고 있다고 설명한다. 헤겔은 안티고네와 같이 공동체를 부정하는 자세를 "의식은 자기의 생각이 미치는 대로 실체를 감싸고 있을 뿐이어서 특정한 개인의 의지를 지(知) 또는 비현실적인 명령으로서의 '…해야만 한다'(das Sollen)와 같은 형식적 보편성의 지로 간주되고 있을 뿐"[39]이라고 설명한다. 안티고네에 나타난 헤겔과 키에르케고어의 공통된 견해인 '…해야만 한다'는 인륜적 필연성은 안티고네에게 자의식이 들어서기 이전에 감지된 피할 수 없는 운명이고 비애이다. 소포클레스는 「안티고네」를 통해 친족의 권리와 국가의 금령 사이의 갈등을 보여주지만, 동시에 그들이 각각 내세우는 권리는 동등한 상태에 있다는 것을 보여주고 있다. 반면 라캉은 죽음을 무릅쓰고 저항하는 안티고네를 자신의 욕망에 충실한 인물이라고 평가하며 기존의 공동체적 윤리규범을 뛰어넘는 인물로 해석한다. 라캉은 안티고네가 "욕망이 무엇인지 규정하는 관점을 우리에게 제시한다"[40]며 그녀를 욕망의 만족에 기초한 정신분석의 윤리를 제시한 인물로 해석한다. 안티고네는 테베가 추방한 주이상스이고, 그녀의 욕망은 "순수한 상태에 있는 욕망"[41]이라는 것이다. "자신의 욕망과 타협하는 것은 항상 주체의 운명을 기만 한다"[42]는 라캉에게 자신의 욕망을 버리는 것은 곧 죄가 된다.

그런데 키에르케고어에 따르면 운명과 관계를 맺고 있는 것은 바로 불안이다. 키에르케고어는 '운명적으로 규정된 불안'을 설명하며 운명

---

39 G. W. F. 헤겔, 임석진 옮김, 『정신현상학 1』, 서울: 한길사, 2009, 445.

40 Jacques Lacan, "The Ethics of Psychoanalysis 1959-1960," The Seminar of Jacques Lacan, Book VII, Jacques Alain-Miller (Editor), Dennis Porter (Translator) (Norton & Company, 1992), 247.

41 Lacan, "The Ethics of Psychoanalysis 1959-1960," 282.

42 Lacan, "The Ethics of Psychoanalysis 1959-1960," 321.

을 설명하려면 누구든지 운명처럼 양의적이지 않으면 안 된다고 한다. 그리스의 깊고도 불가해한 비극성은 역사가 전제된 상태의 형벌과 같은 죄(schuld)와 무고(unschuld) 사이의 양의적인 사이에서 증폭되는 비애이다. 그리스 비극에서는 안티고네가 아버지의 불행한 운명에 관해서 전혀 무관심하기 때문에 그녀가 의식하지 못하는 사이에 다가오는 필연성은 다음 순간과의 관계에서 보자면 그것은 우연적인 것이다. 여기에서 필연성은 운명과 우연성을 의미하게 된다. 운명은 정신이 아닌, 그렇지만 정신과 일종의 정신적 관계를 맺고 있는 그런 어떤 것과 정신 사이의 관계이다.[43] 키에르케고어는 "안티고네가 왕의 금령을 어기고 오빠를 매장하려고 결심할 때, 우리는 거기에서 그녀의 행동보다는 오히려 조상의 죄가 자손에게 미치는 운명적 필연성을 본다"[44]고 설명한다. 그러한 운명의 필연성 속에서는 오이디푸스뿐만이 아니라 그의 전체 가족까지 감싸고 있는 슬픈 운명은 증폭된 비애다. 그것은 엄밀한 의미에서 정신이 아니지만 그러나 안티고네와 관계를 맺을 수밖에 없는 운명인 불안의 무이다.

불안은 곧 반성이기 때문에 운명은 불안과 관계할 수밖에 없다. "불안은 주체가 비애를 자기의 것으로 만들어, 그것을 동화(同化)하는 기관이다. 불안은 사람들의 심장에다 자기가 지날 길을 뚫는 운동의 힘이다."[45] 불안은 반성에 의해 규정되기 때문에 두려워하는 것에 대한 어떤 갈망은 불안을 비애에 사로잡히게 한다. 이러한 불안의 양의성은

---

43 키에르케고어, 『불안의 개념』, 277.

44 키에르케고어, 『이것이냐 저것이냐』, 1권, 281.

45 키에르케고어, 『이것이냐 저것이냐』, 1권, 277.

비애를 발견하고 탐지하지만 그것에 순식간에 계속 용해된다. 이런 의미에서 "불안은 진정한 비극적 범주"[46]이다. 고대 비극에서는 안티고네의 비애가 다만 주관적으로 반성되지 않은 직접성에서 나타나지만, 키에르케고어에게 그것은 비애에 사로잡혀 증폭된 비극적 불안이다.

3) 네로의 권태와 병적인 불안

인간에게 이른바 '정신줄을 놓고 사는' 것과 같은 긴장 없는 정신의 휴식상태가 지속된다면 불안이 엄습해 오는 대신 권태가 피어난다. 인간의 고독과 실존을 파헤친 블레즈 파스칼(Blaise Pascal, 1623-1662)도 『팡세』에서 "권태의 기분이 사라지지 않으면, 우리의 영혼의 깊은 곳으로부터 우울, 비애, 고뇌, 원망, 절망이 솟아날 것"[47]이라고 경고하듯이, 권태는 인간에게 견디기 힘든 부정적 감정을 야기한다.

키에르케고어는 이러한 권태 속에서 야기되는 부정적 감정을 병적인 불안의 상태라 규정하고, 로마의 제왕 네로를 사례로 이것을 설명한다. 키에르케고어는 어떤 생각에도 겁내지 않고 결코 당황하지 않는 것을 "제왕적인 욕망의 하나"라 규정하며, 네로를 통해 그런 욕망이 어떤 것인지를 설명한다. 네로는 AD 64년 로마 대화재 사건을 일으켜 로마의 절반을 불태울 정도로 광폭한 성격을 남김없이 표출했던 제왕이다. 그는 로마에 불꽃이 타오르는 것을 보면서 시를 읊을 정도로 이

---

46 키에르케고어, 『이것이냐 저것이냐』, 1권, 278.

47 파스칼, 『팡세』, 권응호 옮김 (서울: 홍신문화사, 1988), 67.

상한 탕아(蕩兒)였다. 키에르케고어는 『이것이냐 저것이냐』 제2권에서 윤리가 B인 윌리엄이라는 판사를 통해 이런 네로의 본질을 구성하고 있던 욕망의 특성들을 거론한다.

네로는 일찍이 그의 인생에서 즐겼던 온갖 욕망에 익숙해졌고 심지어 그것에 무감각해졌다. 그에게 현존하고 있는 욕망은 당장에 운동을 일으킬 동기가 사라져 버렸기 때문에 욕망하는 대상은 자신의 미약한 욕망 속으로 가라앉는다. 네로가 황제로서 세상사에 대한 풍부한 지식과 경험을 갖추었을지라도, 그는 아직 자기가 완전히 지배할 수 없는 정신의 직접성과 관계를 맺고 있는 상태에 처해 있다. 네로는 아직 직접성에서 좀더 나아가는 주체적인 자기반성을 거치지 못한 사람인 것이다. 이처럼 어린애와 같은 미약한 정신의 소유자인 네로에게 정신의 직접성은 아직 그 돌파구를 찾지 못하고 있다. 비록 네로가 온전한 정신으로 자기관계를 이루지는 못하고 있지만, 그의 정신이 자기와의 관계에서 완전히 벗어난 것은 아니기 때문에, 그의 정신의 직접성은 무엇인가를 요구한다. 심미적 단계에서의 직접성도 어느 정도 무르익게 되면 정신이 자기관계에 대한 질문을 자신에게 던지게 되듯이, 네로의 정신도 좀더 높은 실존 단계로의 이행하기를 원한다. 그런데 정신이 좀더 고차원적인 삶의 양식을 선택하지 않는다면, "정신은 그대에게 복수를 하고, 그대를 우울이라는 쇠사슬로 묶어놓는다."[48] 향락 속의 삶이냐 윤리적인 삶이냐의 선택의 기로에서 선택이 불가능해 질 때 네로와 같은 인생관에는 불안의 초기 단계인 우울이 그 모습을 나타내는 것이다. 네로의 본질을 구성하고 있는 특성 중의 하나가 우울

---

48 키에르케고어, 『이것이냐 저것이냐』, 2권, 396.

이라는 것은 바로 이런 이유 때문이다.

　그렇다면 우울이란 무엇인가? 그것은 정신의 히스테리다. 인간의 일
생 중에서, 이를테면 자신의 직접성이 무르익어서 정신이 보다 높은 차
원의 형식을 요구하는 순간이, 정신이 자신을 정신으로 파악하려고 하
는 순간이 찾아오는 법이다.[49]

네로는 자기의 의식 속에서 자기 자신이기를 원하지만 정신이 온전
히 자기관계를 맺지 못한 불안의 상태에 처해 있다. 미약한 자기관계
는 한층 높은 단계의 실존으로 나아가기 위한 자기반성을 감당할 수
없기 때문이다. 정신은 줄곧 발현되기를 원하고 있지만, 자기 자신에
게 다시 기만당하는 정신은 네로의 영혼을 슬픔과 비애에 잠기게 하
며 새로운 불안을 더하게 한다. 그래서 네로는 정신에게 쾌락의 만족
을 제공한다.[50] 네로는 정신이 자신에게 복수하지 못하도록 정신을 분
산시키는 것이다. 새로운 쾌락들은 매순간 네로를 놀라게 하였지만 그
것이 제공하는 자극이 한계에 부딪치면 쾌락의 느낌은 사라진다. 그러
면 쾌락의 부산물인 맥이 빠진 상태의 느낌 없는 무감동의 모습은 곧
그에게 다가온다. 그것은 권태이다. 네로는 "오로지 쾌락의 순간에만
기분의 전환을 느끼며" 살아가기 때문에 쾌락의 순간이 지나면 다시
권태에 빠지는 것이다. 트로이의 불타는 광경을 재현하기 위해 로마를
불태워버린 것과 같이 더욱 자극적인 쾌락만이 그의 정신을 위로할

49　키에르케고어, 『이것이냐 저것이냐』, 2권, 366.
50　키에르케고어, 『이것이냐 저것이냐』, 2권, 361.

수 있었던 것이다. 이런 권태는 태초에도 있었다.

신들은 권태로워져서 인간을 창조하였다. 아담은 홀로 있었기 때문
에 권태로워졌다. 그래서 이브가 창조된 것이다. 이렇게 해서 권태는 세
상에 들어왔고, 인구의 증가에 정비례해서 권태는 늘어만 갔다. 아담은
혼자서 권태로워졌고, 아담과 이브는 함께 권태로워졌고, 아담과 이브
와 카인과 아벨은 가족이 통째로 권태로워졌고, 다음으로는 세상의 인
구가 늘어나자 대량으로 권태로워졌다.[51]

태초의 사람들이 기분전환을 위해 하늘까지 솟아오를 바벨탑을 세
울 생각에 이른 것도 그만큼 권태가 경악스러운 정도였다는 반증일
것이다. 인간의 역사가 깊어질수록 권태의 양상도 깊어지고 있는 것이
다. 그런데 묘한 것은 스스로 권태를 느끼는 사람들은 시민이나 군중
이 아니라 한 사회에서 특별한 혜택을 받고 사는 사람들이거나 특권
층이라는 사실이다. 쇼펜하우어(A. Schopenhauer)도 권태를 "새로운 소
원이 없는 갈망 상태"라고 규정하며 그것을 당시의 봉건적 상류사회
에서 발생하는 한정적인 사회현상이라고 보았다. 권태가 계급적 성격
을 띠고 있음을 암시하는 것이다. "궁핍이 서민의 끊임없는 재앙이라
면 권태는 상류사회의 재앙이다. 서민사회에서 궁핍이 6일간의 평일
에 의해 대표된다면, 권태는 시민사회에서 휴일에 의해 대표된다."[52]

---

51 키에르케고어, 『이것이냐 저것이냐』, 1권, 507.
52 쇼펜하우어, 곽복록 옮김, 『의지와 표상으로서의 세계』, 서울: 을유문화사, 1990,
384.

생존을 위해 중노동의 수고를 아낄 수 없었던 대다수의 시민들은 권태로울 시간이 없었지만, 최상류층이었던 네로는 권태로 인해 로마의 절반을 불태우게 된 것이다.

네로의 깊은 내면의 본질에는 쾌락의 순간에도 사라지지 않는 어린애 같은 불안한 두려움이 있다. 그것은 정신이 제대로 발현되지 못하도록 막는 어떤 장애로 인해 유발되는 정신의 노여움이다. 어린애들의 경우에 있어서 권태로움이 갖는 파괴적인 성격은 일반적으로 잘 알려진 사실이다.[53] 그들은 장난감을 가지고 놀이를 하다가 변덕이 생기면 마침내 공격적으로 변한다. 어린애들에게 다가오는 권태로움은 놀이가 그들을 더 이상 즐겁게 해주지 않을 때 다가오는 것이다. 권태로움은 자기 부정이 야기하는 불안감이고, 이에 대한 반발은 공격성이다. 네로에 의한 로마의 대화재 사건은 이러한 권태의 파괴적 성격에 의한 것이다. 이처럼 정신이 정신으로 기능하지 못할 때 네로는 자신의 미약한 정신을 다스리기 위해 향락 속에서 쾌락의 만족을 던져주게 된다. 그것이 지겨워졌을 때에는 한층 더 자극적인 쾌락을 제공하며 기만적으로 정신을 위로한다. 그래서 네로는 병적인 불안의 상태에 처해 있는 것이다.

우리들의 비참을 위로해 주는 유일한 것은 오락이다. …그러나 오락은 우리들을 즐겁게 해 주면서 우리들로 하여금 무의식 중에 죽음에 이르도록 만든다.[54]

---

53 키에르케고어, 『이것이냐 저것이냐』, 1권, 506.
54 파스칼, 권형길 옮김, 『팡세』(서울: 서울대학교출판부, 2005), 16-17.

권태의 무시무시한 영(靈)에 사로잡히면 그 어떤 기분전환의 수단
도 권태에서 벗어나게 하지 못한다. 네로에게 심미적 만족감을 주는
쾌감의 자극은 그것이 어느 한계에 다다르는 순간 권태로워지는 것
이다. 인간이 권태에 몰락하여 자기좌절에 이르면 자기의 본질에 대
한 물음으로부터 끊임없이 도피하며 향락적인 생활만을 향유하게 된
다. 그렇지만 심미적 실존의 바닥은 충만함이 없이 비어 있는 무이다.
권태는 현실에 널리 스며 있는 무에 근거를 두고 있기 때문에, 우리가
입을 벌리고 있는 심연을 들여다볼 때 엄습하는 현기증을 유발한다.[55]
이처럼 권태는 무시무시한 무이다. 이런 무는 충만함이 비어 있는 권
태로운 심미적 실존의 바닥을 의미한다.

2. 윤리적 실존의 한계에서 느끼는 불안

이것이냐 저것이냐는 실존적 인간 앞에 닥친 불가피한 선택이다.
인간은 매 순간 삶의 여러 방향 가운데 하나를 자신의 의지에 따라 선
택하지 않을 수 없다. 키에르케고어와 같은 주체적 사상가에게 실존이
란 일반 대중들의 삶 속에 흩어져 있는 것이 아니라 구체적으로 자기
자신의 삶을 선택하여 사는 것이기 때문이다. 이처럼 윤리적 실존은
스스로의 선택에 의해서 질적으로 변화된 자기 이해를 갖는 단계이다.

---

55 키에르케고어, 『이것이냐 저것이냐』, 1권, 516. 권태에 근거를 두고 있는 현기증은
'자유의 가능성 앞에서 느끼는 현기증'과는 동일하지 않을 것이다. 왜냐하면 자유의 가
능성은 선택을 통해 자기를 찾는 것인 반면, 선택이 없는 심미적 실존가는 권태로움으로
현기증 앞에서 몰락하는 것이 일반적이기 때문이다.

윤리적 단계에 이른 인간의 과제는 자신의 내면성을 구축하는 것이다. 그것은 내면을 자기 것으로 전유시키는 내면의 자기화를 통해 가능하다. 선택의 행위를 통해 인간은 단지 존재의 가능성에 머물러 있는 심미적 실존에서 벗어나 구체적으로 존재하게 된다. 선택의 유무는 심미적인 것과 윤리적인 것의 경계를 이루기 때문이다.

자기 자신의 선택이란 자연적이고 사회적인 환경, 즉 역사 속에서 내가 결부되었다는 것을 인정하는 것이다. 그래서 윤리적인 것은 자기 자신으로서의 개체성과 자기 자신에게 요구되는 보편성 사이의 조화를 이뤄야 하는 과제를 지닌다. 다시 말하면, 윤리적 실존의 과제는 사회적 인간으로서 개인에게 부과된 보편적인 것을 이해하고 그것을 자신의 내면성과 조율해서 서로 충돌하지 않도록 관계시키는 것이다. 이와 같이 역사 속에서 책임 있는 자기로 생성되었다는 것은 자기의 현실성을 드러내는 부분이다. 이렇게 선택의 행위를 통해 형성된 자기는 이전의 자기와는 절대적으로 다른 것이다.

키에르케고어는 어떤 자기가 자신의 의식적 결단으로 생성되도록 이끄는 선택의 가능성을 인간 존재의 한 가지 특징으로 규정한다. 불안을 만들어내는 그 무엇은 사실상 우리가 우리 자신에게 의존하는 상황 그리고 그런 이유로 우리가 선택을 해야 하는 상황이다.[56] 선택할 수 있는 가능성이 우리에게 다가오게 만드는 것은 자유이다. 그런데 불안은 그러한 자유가 있음을 드러내 주는 것이기에 인간은 본질적으로 불안을 느낄 수밖에 없는 존재인 것이다.

---

56 Grøn, "Anxiety," 65.

1) 윤리적 실존과 선택

선택 이전의 자기는 윤리적 단계로 이행되면서 소멸하게 되기 때문에, 심미적 단계의 가능적인 것은 그것이 현실화되는 순간 자신을 무로 보여준다. 그러므로 자기가 선택 이전에 존재하였지만 현재는 존재하지 않는다는 모순은 역설적으로 새로운 자기로의 제2의 탄생을 의미한다. 이러한 키에르케고어의 선택에 대한 설명은 다음의 구절에 집약되어 있다.

> 선택되는 것은 현존하지 않고 선택과 더불어 존재 속으로 들어온다. 한편 선택되는 것은 현존하고, 그렇지 않다면 선택이란 있을 수가 없을 것이다. 왜냐하면 내가 선택한 것이 존재하지 않았고 선택과 더불어 절대적으로 존재 속으로 들어온다고 한다면, 나는 선택하는 것이 아니라 창조하는 셈이 된다. 그러나 나는 나 자신을 창조하는 것이 아니라 나 자신을 선택한다. 그러므로 자연은 무(無)에서 창조되고, 또 직접적인 인격으로서의 나 자신도 무로부터 창조되는 반면, 자유로운 정신으로서의 나는 모순율(矛盾律)의 소산이고, 혹은 내가 나 자신을 선택함으로써 태어난다.[57]

전통적인 논리학에서 모순율이란 모순의 배제를 의미했기 때문에, 정립과 반정립 사이의 모순에 의해 종합으로 이어진다는 변증법은 모순율에 어긋난다. 그렇기 때문에 모순율이 지양되었다는 헤겔의 철학

---

57 키에르케고어, 『이것이냐 저것이냐』, 2권, 418.

은 도리어 모순을 논리의 영역으로 끌어들이는 것을 의미한다. 헤겔은 『정신현상학』에서 모순을 끌어들여 변증법적 통일을 이루는 것을 '부정의 힘'이라고 한다. 자기의식이 일찍이 마주하고 있던 현실은 자기의식에 부정적인 것이어서, 자기의식은 그런 현실을 극복함으로써 비로소 자기의 목적을 실현할 수 있었던 것이다.[58] 부정의 힘이라는 범주는 역동적인 변증법적 운동을 낳기 위해서 논리학에 매우 필요하다는 필연적인 타자성에 이른다. 그러나 키에르케고어는 논리학에서 부정적인 것은 이론화된 변화하지 않는 범주일 뿐이라고 비판한다. 심지어 그는 심미적 실존과 사변철학을 비교하며 "그대는 모순을 보다 높은 차원의 광기(狂氣) 속에서 조정하고, 철학은 보다 높은 차원의 통합 속에서 조정"[59]한다고 지적한다. 이러한 지적은 심미가 A와 사변철학자가 서로 닮았다는 사실을 지적함으로써 헤겔 철학도 심미적인 차원에 머물러 있음을 지적하고 있다. 헤겔의 사변 철학은 자기의 외부에 있는 세계 이성을 지향하며 바라보기 때문에 자기관계의 활동을 필요로 하지 않는다. 그래서 키에르케고어의 관점에서 헤겔의 사변철학은 주체적으로 결단하는 자기가 들어설 여지가 없는 심미적 실존의 일종이라고 간주된다.

헤겔 철학은 이것이냐 저것이냐의 모순된 양자를 변증법적으로 통일시키는 방법을 취하는 반면, 키에르케고어는 자기 선택의 행위를 통해 질적으로 변화된 자기이해를 지니게 하는 실존의 변증법을 택한다. 따라서 키에르케고어에게 선택이란 전적으로 객관성을 뛰어넘는 주

---

58 G. W. F 헤겔, 『정신현상학 1』, 408.
59 키에르케고어, 『이것이냐 저것이냐』, 2권, 330.

관적인 행위로 규정될 수밖에 없다. 자기가 자신의 의식 속에 있다는 구체적인 자기이해를 갖게 되면서 포착된 새로운 가능성과 그것을 실현하려는 윤리적인 실존으로의 이행은 곧 도약이다. 이러한 도약은 윤리적 실존을 미래의 가능성으로 선택하려는 자각된 주체의 의지에 의해 유발된다.

심미적인 것에서 벗어나 질적으로 변화된 윤리적인 자기 이해로의 도약을 설명하고 있는 단편이 바로 『이것이냐 저것이냐』의 제2권에 수록된 "인격형성에 있어서의 윤리적인 것과 심미적인 것의 균형"이다. 이 단편에 등장하는 윤리적 실존을 대표하는 B라는 익명의 주인공은 빌헬름 판사이다. 중년의 기혼남자인 그는 A라는 심미적인 인생관을 반박한다. B는 직접성이나 감성적인 향락과의 관계 속에서 자신 자신을 규정하고 있는 A에게 어떤 절망이 잠재되어 있는가를 끊임없이 지적한다. "심미적인 것은 그로 하여금 그것에 의해서 직접 그가 현재 있는 그대로 그를 있게끔 하는 것"[60]이어서 오직 현재에만 매몰되어 있는 삶의 성질이다. 또한 그것은 스스로의 선택과 결단이 없는 순간이기 때문에 실존적 삶을 잃어버리는 절망의 상태이다. 반면 "윤리적인 것은 그것에 의해서 그가 되게끔 되어 있는 상태로 그를 되게 하는 것"[61]이므로 도약을 통해 개별자의 미래가 열리는 가능성의 차원이다. 이런 윤리적인 것은 심미적인 것과 대립하며 서로 대체하는 것이 아니라 그것을 변모시킨다.

B에 따르면 A가 스스로를 심리학적으로 고찰하는 것은 "과장

---

60 키에르케고어, 『이것이냐 저것이냐』, 2권, 346.
61 키에르케고어, 『이것이냐 저것이냐』, 2권, 346.

된 우울증적인 호기심"[62]에 불과하다고 일축한다. 그렇지만 맥카티 (McCarthy)는 A의 심리학적 고찰을 통해 얻을 수 있는 오직 유일한 것은 감성에 대해 조금 나은 지식에 불과할 뿐이라고 평가절하하는 B를 구시대적 심리를 지닌 인물이라고 비판하기도 한다. A의 심리학적 흥미는 『불안의 개념』에서 비길리우스 하우프니엔시스라는 필명에 의해 반복되고 좀더 정교하게 다듬어진다.

한편, B는 "결혼의 심미적 타당성"이란 글에서 사랑과 결혼의 본질에 대해 논한다. A라는 심미적 존재는 처음 사랑에 빠졌을 때처럼 인생이 아름다울 때는 없다며 사랑의 아름다움은 찬미하지만, 자기 자신을 구속하는 결혼은 미친 짓이라고 생각한다. A에게는 첫사랑의 느낌이 지배하고 있는 상태만 있을 뿐, 결혼과 첫사랑을 구별짓게 하는 윤리적인 것과 종교적인 것이 없다. 반면 B는 결혼으로 이어지지 못하는 심미적 존재의 사랑은 환상 속에 머물러 있는 향락일 뿐 진정한 사랑이 아니라고 강변한다. 결혼생활은 보편적인 존재로 존재한다는 것의 진정한 기쁨을 그에게 주기 위해서 비범한 존재로 존재한다는 허황된 기쁨을 그에게서 빼앗아 버린다.[63] 그래서 B는 결혼을 선택한다는 것을 모든 인간에게 부여된 의무라고 강조하며, 그것을 윤리적인 인간의 핵심으로 내세운다.

---

62 Vincent McCarthy, "The Case of Aesthete A in Either/Or," Kierkegaard Studies Yearbook 2008, 59-60.
63 키에르케고어, 『이것이냐 저것이냐』, 2권, 592.

2) 윤리적 존재의 회한과 불안

윤리적인 실존은 개인을 그 자신으로 만드는 것이기 때문에 '너 자신을 알라'는 소크라테스의 말보다도 더한 인간의 노력이 깃들어 있는 '자기 자신을 선택한다'는 표현을 사용한다. 선택할 때 윤리적 단계를 규정짓는 윤리적 이상은 실존적 개인을 고차원으로 이끌어 간다. 그렇지만 그가 자신이 지향하는 윤리적 이상에 도달하지 못할 때, 그는 자기 자신 안에서 절망을 불러오게 된다. 윤리적 실존의 절망은 자신이 선택한 것을 스스로 성취할 수 없다는 것을 깨닫고 고뇌하게 되면서 다가온다. 이 지점에서 윤리적 실존은 그 한계를 드러낸다.

절망에 이르렀을 때, 윤리적인 개인은 후회와 회한이라는 개념의 도움을 받아 다시 선택을 시도한다. 그는 "자신의 영원한 타당성 안에서 자기 자신을 선택"[64]함으로써 근본적으로 다른 차원으로 도약하려 하는 것이다. 그러나 절대적인 영원성이라는 타자를 향한 길을 선택하는 인간에게는 용기가 필요하다. 인간은 영원성 속에 있는 자기를 지향하는 순간, 유한성과의 대립으로 인해 불안의 현기증을 느끼게 되기 때문이다.

> 자기를 갖는다는 것, 자기로 존재한다는 것은 인간에게 주어진 최고의 특권, 무한한 특권이지만, 이것은 또한 인간에 대한 영원성의 요구이기도 하다.[65]

---

64 키에르케고어, 『이것이냐 저것이냐』, 2권, 410.

65 키에르케고어, 『죽음에 이르는 병』, 70.

인간 존재에 내재된 유한성의 명민함은 그것과 대조되는 영원성의 운동을 제한한다. 이로 인한 윤리적 실존의 한계는 『이것이냐 저것이냐』 2권의 뒷부분에서 명백하게 제시되고 있다. "의심이 무한한 관계를 유한화하려고 하는 한에 있어서, 또 지혜가 유한한 관계를 유한성으로 채우려고 하는 한에 있어서 그는 의심 속에 머물고 있는 것입니다."[66] 인간의 모든 유한한 지혜는 무한한 것 앞에서는 아무것도 아니라는 무(無) 앞에서 생기는 불안인 의심을 진정시킬 수 없어 절망으로 인도될 수밖에 없다는 것이다. 윤리적인 이상을 지향하는 윤리적 단계의 인간이 지닌 유한성의 명민함은 불안을 생소한 힘으로 인식하기 때문이다. 그렇기 때문에, 인간은 유한성에 고립되어 있는 듯이 생각되는 바로 그때 불안을 기쁨으로 바꿀 수 있도록 영원성의 운동을 회복해야 한다. 이런 고뇌의 표현이 바로 뉘우침이다. 스스로의 힘으로는 자기실현에 도달할 수 없다는 것을 깨닫고 이를 후회하면서 과거를 현재로 소환하는 것이 뉘우침이다. 이제 자기 자신을 선택한다는 것은 곧 후회와 회한을 통해 자기 자신을 뉘우치는 것과 동일한 개념이 된다. 후회하지 않을 때 자기 자신을 선택하거나 대면할 수 있기 때문이다.

그는 뉘우치고, 그가 하나님 안에서 자기 자신을 발견할 때까지 자기 자신에게로, 인류에게로 되돌아간다. 이런 조건 안에서만 그는 자기 자신을 선택할 수 있다.[67]

---

66 키에르케고어, 『이것이냐 저것이냐』, 2권, 678.
67 키에르케고어, 『이것이냐 저것이냐』, 2권, 420.

그러나 윤리적 실존에서의 자기실현이 한계지점에 이르렀음에도 불구하고 윤리적 자아를 강화시킨다면 그런 자기는 필연적으로 갈등에 직면한다. 인간에게 내재적으로 상호 대립되어 있는 시간성과 영원성, 유한성과 무한성, 가능성과 필연성이라는 질적인 모순이 심화될 것이기 때문이다.[68] 비길리우스 하우프니엔시스는 『불안의 개념』에서 유한한 시간 속의 인간이 영원성에 마주칠 때 느끼게 되는 현기증을 불안이라 하고, 안티-클리마쿠스는 『죽음에 이르는 병』에서 또 다른 변증법적인 양극인 유한성과 무한성, 가능성과 필연성을 제시하며 절망의 변증법을 전개한다. 의식성이 좀더 분명해진 상태에서 논의되는 안티-클리마쿠스에게 대립적인 것은 불안이 강화된 형태인 절망을 낳기 때문이다.

윤리적 단계의 인간이 필연적으로 절망을 겪을 수밖에 없는 이유는 안티-클리마쿠스가 설명하듯이, 인간은 "자기 자신과 관계할 뿐만 아니라 타자에 의해서 정립된 관계"[69]이기 때문이다. 윤리적 실존단계의 한계는 궁극적인 자기실현이 종교적 실존단계에 의존할 수밖에 없다는 사실에서 드러난다. 이로 인해 인간이 더 높은 실존단계로 도약하며 자신의 내면성을 구축할 수 있는 최고의 길은 뉘우침이라 생각한다. 왜냐하면 결국은 인간이 윤리적 실존의 이상에 도달하지 못한 채자신의 한계를 자각하고 체념하게 되기 때문이다. 불안을 극복하기 위한 뉘우침은 최고의 윤리적 표현이지만, 또한 종교적 범주이기 때문에

---

68 인간에게 내재되어 있는 대립적인 것으로 인한 불안의 양상은 본고의 4장 "관계의 변증법과 불안이 심화된 절망"에서 상세하게 다루어진다.

69 키에르케고어, 『죽음에 이르는 병』, 58. (임규정의 번역을 일부 수정함).

윤리적 단계에서 종교적 단계로 넘어가기 위한 접경을 이룬다.

3. 종교적 실존과 영원한 존재와의 평등

키에르케고어에게 종교적으로 실존한다는 것이란 무엇인가? 이런 물음은 실존적 인간이 자기실현의 한계에 봉착해 있음을 지적해 주는 것임과 동시에 자기를 무한하게 확대시키는 계기가 무엇인지를 일깨워 준다. 윤리적인 인간은 보편성과 개별성의 조화를 이루며 자신의 내면성을 구축하지만, 인간 사회가 요구하는 절대적인 보편적 윤리나 도덕적 가치에 도달하지 못하는 자기 자신을 응시하게 된다. 윤리적인 단계의 한계지점에서 현실적인 자기와 이상적인 자기와의 불일치의 문제를 깊이 인식하게 되는 것이다. 새로운 자기에 이르는 길은 '자기 자신의 선택'을 통해서가 아니라 '자기 비움'을 이끄는 참회와 속죄를 통해서 정화되어야 한다. 그렇기 때문에 '이것이냐 저것이냐'의 양자택일로의 내몰림은 '이것도 저것도 아닌 제3의 길'을 찾게 되는 것이다. 키에르케고어는 이 세 번째 길로써 종교적 실존이 하나의 독자적인 실존 영역을 차지할 수 있다는 가능성을 『이것이냐 저것이냐』를 저작할 당시에는 충분히 인식하지 못한 것이다.

주체적인 자기가 되는 것의 한계에 봉착한 윤리적 존재가 불안과 절망으로 뒤덮일 때 질적 변화를 겪게 된다. 종교적 단계로 도약하는 계기를 맞이하게 되는 것이다. 진정한 자기에 도달하는 길은 자신의 존재 원형인 신의 진리에 참여함으로써 가능하다는 것을 깨닫는 것이다. 그래서 키에르케고어의 관점에서 신에 대한 무지는 자기 자신을 아는 것에 대한 실패이다.

인간 주체가 신과 접속할 수 있도록 열리는 실존의 길은 바로 도약이다. 키에르케고어에게 있어서 진정한 자신은 주체적인 진리 속에서 생성되기 때문에 종교적 실존으로의 도약은 실존의 최고 형태가 된다. 자기 자신과의 내적인 관계가 자기를 초월하는 신과의 관계로 확대되는 타자관계로서의 실존은 진정한 내면성의 획득을 의미한다. 그렇다면, 주체적인 자기존재의 근본을 되찾는 내면성의 뿌리로써 신의 섭리를 접하기 위해서 인간은 무엇에 대해 알아야 하는가? 이 물음에 답하기 위해 우리는 『이것이냐 저것이냐』와 『불안의 개념』에서는 생략된 세 번째 가능성으로 종교적 실존을 『철학적 단편』과 『철학적 단편 후서』에서 보완하지 않을 수 없다. 그것은 근본적으로 다른 차원으로 도약하는 것이기 때문이다.

『철학적 단편』과 『철학적 단편 후서』는 대표적으로 그리스도적 관점에서 저술된 작품이다. 키에르케고어의 필명 중에서 가장 종교적인 요하네스 클리마쿠스는 『철학적 단편 후서』에서 종교적 실존을 두 가지 종교성을 통해 설명한다. 그것은 내면화의 변증법을 추구하는 내재성의 종교성 A와 초월성의 종교의식인 종교성 B이다. 종교성 A는 신을 아는 능력이 인간에게 직접적으로 내재되어 있다는 관점으로 기독교가 아닌 종교성을 말하고, 종교성 B는 기독교의 종교성을 말한다.[70] 요하네스 클리마쿠스에 의하면, 인간주체가 종교성 B를 실현하기 위해서는 우선 종교성 A에서 실존해야 한다고 주장한다. 그렇지만

---

70 CUP, 495.

실존적 차원에서 내면성을 파악하기 위해서는 종교성 A를 종교성 B 로부터 떼어내어 그 특성을 설명할 필요가 있다. 종교성 A는 인간존재 의 뿌리에 신적 특성이 내재해 있다고 간주하며 자신의 내면성의 정 열로 그러한 진리에 도달하려는 데 반해, 종교성 B는 그리스도적 종교 성으로 신앙의 내면성으로 그것을 수락하기 때문이다.

종교성 A는 내면화의 변증법인 바, 그것은 관계의 변증법적이며 내 적인 자기화(inward appropriation)라고 조건 지워진다.[71] 이것은 내적 변 화를 거쳐 영원한 행복에 이르게 하도록 관계하는 종교성이다. 이런 종교성은 『죽음에 이르는 병』의 앞부분에서도 나타난다. 여기서 제기 되는 "자기 자신과 관계하는 관계"[72]의 개념에 따른 자기성에 대한 이 해는 소크라테스적인 사유를 따른다.

1) 소크라테스적 내면화의 변증법

내면의 실존을 이끄는 키에르케고어의 자기 이해의 변증법은 소크 라테스나 아우구스티누스의 실존적 사유와 깊은 연관을 지닌다. 키에 르케고어의 학위논문 『아이러니의 개념』에 나타나 있듯이, 그는 소크 라테스의 변증법을 받아들여 자신의 철학적 기반을 형성했다. 마크 테 일러(Mark C. Taylor)에 따르면, "키에르케고어는 '종교성 A'를 소크라 테스에게 적합한 형태의 종교성"이라고 지적하기도 한다.

---

71 CUP, 494.
72 키에르케고어, 『죽음에 이르는 병』, 55.

키에르케고어는 소크라테스에 대한 상(想)을 "확정적으로" 그리는 것은 "불가능한 것으로 보인다"고 말하거나 "적어도 그것은 투명모자의 모양 끝을 그리는 것만큼 어렵다"고 지적한다.[73] 소크라테스에 대한 안정된 개념을 찾는 작업은 쉬운 일이 아닌 것이다. 원본으로서 소크라테스와 그의 대화를 수록한 플라톤의 이론 사이의 이중성은 그러한 불명료성을 낳기 때문이다. 그렇지만, 키에르케고어에 따르면 그러한 불명료성은 소크라테스가 의미하는 것들이 지닌 아이러니를 형성한다. 그것은 본질적으로 소크라테스에 의해 표현된 어떤 것들의 외부적 의미가 그것의 내부적 의미와 일치하지 않는 바에서 기인하는 것이다. 그렇기 때문에 소크라테스의 아이러니는 이러한 이중적 관계 속에서 이해되어야 한다. 이러한 이중성은 플라톤이 저술한 많은 대화편 속에서도 찾아볼 수 있다.

소크라테스에게 자기 이해는 본래부터 자신 속에 심어져 있는 것을 깨닫는 운동을 통해 내면으로 복귀하는 것이다. 그 유명한 명구인 "너 자신을 알라"는 자신의 무지함을 자각하게 하는 기제이면서 동시에 현실 세계와의 직접적 관계를 벗어나 끊임없이 자신을 탐구하라는 말로 해석되는 것이다. 자기 자신과 관계 맺는 구체적인 실존과정을 통해 실현되는 내면화가 곧 진리이기 때문이다. 키에르케고어가 자기와의 변증적 관계를 통해 자기 이해를 성취하도록 이끄는 방법이 바로 소크라테스가 제기한 산파술이다. 그래서 플라톤의 대화편 『테아이테토스』에 등장하는 소크라테스는 자신을 산파로 규정하고 그의 변증법

---

73 Søren Kierkegaard, The Concept of Irony, Ed. Hong, Howard V. and Edna Hong (Princeton Princeton University Press, 1989), 12. 이후 CI 라고 약칭함.

적 대화방식을 산파의 분만술에 비유하고 있다.

어떤 씨앗을 어떤 땅에 심을 것인가와 같은 농작물에서의 경작과 수확에 대한 지식은 산파로서의 소크라테스와 산모로서의 메논(Menon)과의 관계에 대한 비유를 성립하게 한다.[74] 메논이라는 인물이 소크라테스에게 질문하는 형식을 지닌 플라톤의 『메논』에 나타난 문답법은 플라톤이 저술한 '대화편'[75]의 대체적인 형식으로 나타난다. 초 · 중기 대화편 『메논』과 『향연』 그리고 중 · 후기 대화편 『테아이테토스』에서는 산파로서의 소크라테스의 모습을 잘 보여준다. 산파술이 플라톤 대화편에서 어떻게 존재해 왔는지를 살펴보는 것은 산파술이 이끌어내는 자기 이해의 개념을 해석하기 위한 중요한 전제 조건이 된다.

플라톤의 『메논』은 "탁월함(aretē)은 가르쳐질 수 있는 것입니까?"(Menon 70a)라는 주제를 두고 칠십을 바라보는 소크라테스와 스무 살이 채 안 된 메논이 나눈 대화록이다.[76] 부유하고 잘 생긴 귀족인 메논이 자신감과 확신에 찬 어조로 묻는 질문에 소크라테스는 직접적으로 답하기 전에 그 스스로 지식을 생산하도록 돕는다. 소크라테스는 메논이 스스로 '지혜라는 아이'를 분만하도록 영감을 불러일으키는 '산파'의 역할에 충실했다. 메논은 자신의 무지를 인식했을 때의 아포리아(aporia), 즉 당혹감에서 벗어나기 위해 상기술에 의존하게 된다. 대

---

74 Myles F. Burnyeat, "Socratic Midwifery, Platonic Inspiration," 56-57 참조.

75 『메논』을 번역한 이상인에 따르면, 『메논』은 여타 대화편과 달리 초기와 중기를 잇는 일종의 과도기적 대화편으로 분류된다고 한다.

76 플라톤, 『메논』, 이상인 옮김(정암학당 플라톤 전집, 2009), 13-23. 번역자는 주석에서 플라톤이 'aretē' 개념을 인간을 포함한 모든 종류의 대상에 적용하고, 각 대상의 기능과 능력의 완전하고도 탁월한 발휘를 가르킨다고 이해하여 '탁월함(excellence)'으로 옮겼다고 설명한다.

화술을 진행하는 과정에서 부딪치게 되는 난제인 아포리아는 지식을 추구하기 위해 거쳐야 되는 과정이다. 탐구와 배움은 모두 상기이다(81a-82a). 앎의 획득은 기억의 상기를 통해 가능하다고 설명하는 것이다. 소크라테스는 영혼불멸과 영혼윤회 사상에 입각하여 배움을 전생에 배운 것의 상기로 규정하기 때문이다.[77]

스스로의 깨우침을 도와주는 산파술은 플라톤의 또 다른 대화편인 『향연』에서 "아름다운 것 안에서의 출산"(206b1-207a4)에서 나타난다. 『향연』에서는 소크라테스가 디오티마(Diotima)라는 전설적인 여사제로부터 들었다는 에로스의 개념을 논한다. 여기서 디오티마는 소크라테스에게 사랑의 본성과 속성이 무엇인지를 들려주는 스승으로 등장한다.

디오티마가 말하기를, 사랑의 기능이란 몸에 있어서든 영혼에 있어서든 아름다운 것 안에서 낳는 것이라고 이야기한다. 모든 사람이 몸과 영혼에 있어서 임신 상태이고 일정한 나이가 되면 낳기를 욕망하는데 그 낳음은 아름다운 것, 그래서 조화하는 것 안에서만 가능하다는 것이다.[78]

에로스의 기능은 자기 자신 안에 영원히 소유되어 있는 아름다운 것을 출산하려 하는 것이다. 플라톤의 『향연』에 나타난 정신적 임신과 출산에 대한 은유는 지혜 또는 참된 덕을 산출하고 실천한다는 것이

---

77 플라톤, 『메논』, 22.
78 플라톤, 『향연』, 강철웅 옮김(정암학당 플라톤 전집, 2010), 20.

다. 그래서 에로스의 힘은 "아름다운 것 자체에 대한 앎으로의 상승" (209e5-212a7) 속에서의 정신적 임신과 출산을 통해 궁극적으로 완전한 것에 이르려는 성질을 지닌다.

　중·후기 대화편『테아이테토스』에 따르면, 사람은 영혼의 상태에 주의를 기울여야 하지만 그것을 항상 수태하고 있을 필요가 있는 것은 아니라고 한다. 테아이테토스는 다음과 같은 완곡한 표현을 통해 메논과 상기에 대한 이견을 보인다. "모든 진리 또는 인식 가능한 진리는 내부로부터 반드시 획득되어질 수 있다는 것이 암시되어지는 것은 아니다. 아울러 많은 중요한 진리가 소크라테스의 산파술로 획득되어질 수 있다는 것을 암시하는 것도 아니다."[79] 여기서 분명한 것은 메논과 테아이테토스 사이에 소크라테스의 산파술에 대한 이해가 일치하지 않지만, 그것이 초·중기의 대화편에서도 존재해 왔다는 것이다. 테아이테토스가 비록 '지식이란 무엇인가'(146a)에 대한 답변을 명확하게 표명하지는 못했지만, 결국 문답을 통해 무지에 대한 자각을 일깨워주게 된다는 답변을 내놓는다. 소크라테스가 정신적 임신을 하는 것이 무엇인지는 설명하였지만, 지식이 무엇인지 아는 것에 대해서는 명확한 해명을 내놓지 않은 것이다. 테아이테투스가 던져 준 유일한 확신은 소크라테스의 산파술이 이끌어준 자기이해의 가치였다.[80] 이처럼 산파술을 통해 자기 이해에 도달하려는 것이 소크라테스식 대화의 비결인 것이다.

　키에르케고어는 주장하기를 "자기 이해는 신의 지식을 산출한

79　Burnyeat, "Socratic Midwifery, Platonic Inspiration," 57.
80　Burnyeat, "Socratic Midwifery, Platonic Inspiration," 57.

다."[81] 소크라테스로부터 영향 받은 이러한 견해는 인간이 자기 이해로부터 신의 진리에 도달할 수 있어야 한다는 것이다. 소크라테스에게 인간의 자기인식은 곧 신인식(神認識)이기 때문이다.[82] 신의 개념이 발생한 장소가 어디인가에 대한 질문은 실존적이며 철학적인 것이다. 이제까지 신의 존재에 대한 논증은 형이상학의 근본적 질문이었으며, 신의 존재증명은 신에 대한 탐구를 심화시켜 왔다. 철학은 신학과의 대립을 통해 신을 조명해 왔다. 신이 인간 스스로의 능력으로 도달할 수 있는 인식 가능한 진리의 상태라는 것은 소크라테스와 플라톤 이후의 서양사상가들이 대체로 공유하는 관점이다.[83] 키에르케고어는 신의 존재증명에 관한 과거 사상가들의 논증을 단호히 배격했지만, 그가 분류하는 종교성 A는 인간의 내면으로부터 진리를 구하려는 소크라테

---

81 Robert C. Roberts, "The Socratic Knowledge of God," International Kierkegaard Commentary (GA: Mercer University Press, 1985), 144.

82 키에르케고어, 표재명 옮김, 『철학의 부스러기』, 서울: 프리칭 아카데미, 2007, 23.

83 헤겔은 논리학과 형이상학을 동일시했으며 스피노자를 따라 유한자가 "순수사유"를 통해 "영원의 관점에서" 무한자인 신의 본질과 속성을 그대로 투시할 수 있으며, 그의 영원한 뜻을 파악할 수 있다고 보았다(김종두, 『키에르케고어의 실존사상과 현대인의 자아이해』, 69). 스피노자(Baruch de Spinoza, 1632-1677)는 "신이란 모든 것의 내재적 원인이며 초월적 원인은 아니다"(스피노자, 『에티카』, 강영계 옮김[서울: 서광사, 1990], 1부 정리 19, 49)라며 신의 초월성을 부정하고, 자신의 내부에서 산출하는 사물에 대한 신의 내재성만을 긍정하고 있다. 신성 또는 신을 인간의식에서 초월해 있는 것이 아니라 인간이 내재적으로 인식 가능한 것으로 해석하는 입장은 스피노자가 헤겔과 공유하는 철학적 태도이기도 하다. 신의 자리는 존재하는 어떤 것의 형이상학적 근거이며 자연학을 근거 짓는 형이상학적 대상이다. 그러므로 스피노자에게 있어 신은 개념으로 보아야 하는 것이다. 또한, 스피노자는 인간이 자기 자신을 보존하려는 노력을 코나투스(conatus)라고 한다. 코나투스는 외부 사물들과의 소통과 관계를 의미한다. 코나투스의 전략이 올바른 것이 동반된 합리주의자적 인식이며, 그것에는 외재적 관계 속에서도 자신을 제대로 유지할 수 있는 '안정적 내구성'이 존재한다. 이러한 코나투스는 신의 본성의 필연성을 따라 존재하도록 결정된 사물이 이를 유지하고자 하는 본성이고, 이러한 본성은 신으로부터 내려진 자연법칙을 따르는 것이다. 스피노자에게 신의 필연성을 따르는 것은 곧 자유를 의미하게 된다.

스의 입장에 있는 것이다. 종교성 A의 이상은 인간에게 신 또는 영원한 진리가 내재해 있다는 것이고, 개별자가 스스로 이것을 재발견하여 새로운 자아를 실현하도록 이끄는 데 있다.

'신은 창조물'이며 그것은 어디에나 있지만 직접적으로는 어디에도 없다. 오직 개인이 자신의 내면에 몰두할 때만, 그러므로 오직 자주적 행동의 내면적 성찰을 할 때만 자신의 주의를 일깨울 수 있고 신을 볼 수 있다.[84]

요하네스 클라마쿠스도 『철학적 단편』에서 종교성 A를 가장 잘 나타내는 철학자로 소크라테스를 내세운다. 기독교인이 아닌 주체적 사상가의 형태로써 종교성 A에 속한 사람에게 신은 자기 이해의 산물이라고 인식될 수 있기 때문이다. 여기서 주체적이라는 의미는 인간이 자신의 내면에서 존재의 뿌리를 찾는다는 것이다. 키에르케고어에게 내면화는 지속적인 변화와 성장의 과정 속에 있는 것이다. "존재는 무한과 유한에서, 영원한 것과 시간적인 것에서 태어난 어린아이이기 때문에 그것은 끊임없는 투쟁이다. 이것은 소크라테스가 한 말이었다."[85] 스스로 신적 특성인 무한을 소유하기 위해 투쟁하는 자아는 영원한 것과 시간적인 것의 통합을 지향한다. 전적으로 자기존재가 신의 가능성에까지 이를 수 있다고 믿는 사람은 자신의 영원한 힘 그 자체를 마주하는 것이다. 시간 속에 영원이 반영된 순간에 도달하는 인간은 자

---

84 CUP, 218.
85 Tayor, Kierkegaard's Pseudonymous Authorship, 92.

신이 영원성을 지니고 있다고 믿는 실존자이다. 이처럼 종교성 A의 차원이란 주체적인 자기존재 안에서 영원성과 관계하는 상태를 말한다.

자기 자신의 내면적 변화를 거쳐 파악되는 신에 대한 지식은 인간을 무한한 것으로 인도한다. 이러한 신은 올바르고 솔직담백하게 '가능성'을 헤아리는 사람에게 나타난다.[86] "무한성은 자아와 신이 접촉하는 지점"[87]이기 때문에 자기를 확대시키는 계기가 된다. 동일한 맥락에서 이해할 수 있는 신의 개념은 『죽음에 이르는 병』의 도입부에도 잘 드러나 있다. "자기는 자기 자신을 정립한 힘에 투명하게 그 근거를 두고 있다"[88]는 말에 나타난 신은 굳이 그리스도 신성으로 해석할 필요가 없는 일반적인 의미를 지닌다. 그것은 세례를 받은 기독교인이거나 그렇지 않은 사람 모두에게 해당하는 종교성일 수 있기 때문이다. 그래서 현대의 일부 독일 철학자들은 『죽음에 이르는 병』의 제1부인 "죽음에 이르는 병은 절망이다"에서 언급하는 신과 제2부인 "절망은 죄이다"에서 언급되는 하나님을 구분할 수 있다고 주장한다. 그렇지만 키에르케고어는 종교성 A가 범신론으로 흐를 수 있다고 우려한 바 있다.

영원성은 이렇게 할 수밖에 없는 바, 왜냐하면 자기를 갖는다는 것, 자기로 존재한다는 것은 인간에게 주어진 최고의 특권, 무한한 특권이지만, 그러나 이것은 또한 인간에 대한 영원성의 요구이기도 하다.[89]

---

86 Roberts, "The Socratic Knowledge of God," 135.
87 Roberts, "The Socratic Knowledge of God," 253.
88 키에르케고어, 『죽음에 이르는 병』, 58.
89 키에르케고어, 『죽음에 이르는 병』, 70.

영원성이 인간의 근본의식 속에 내재한다는 종교성 A의 이상은 인간이 유한한 존재라는 것을 넘어서기 위해 무엇인가를 해야 하는 것이다. 그것은 구체적으로 "내면화의 변증법"[90]을 통해 인간에게 내재해 있는 질적 모순인 시간성과 영원성, 무한성과 유한성 그리고 가능성과 필연성 사이의 종합을 이끄는 것이다. 이런 질적 모순은 인간에게 불안을 야기하는 근원이다. 그런데 영원성은 언제나 유한성의 불안과 관련이 있다. "유한한 한계"는 무엇이고, 그것들의 "기만성"은 무엇인가? 유한한 한계들은 인간에게 자기의 내면성이 아닌 자기 바깥에 있는 욕망의 대상을 몰두하도록 이끈다. 예를 들면, 원초적 감각만을 희구하거나 자신의 바깥에서 구축해 놓은 사회적 역할과의 동일시를 통해 안정적 주체성을 확보하려는 삶의 자세가 그것이다. 현실 생활에서 보통의 사람들은 담배를 끊을 수 없어 애연가가 되거나 술 중독자가 되는 것처럼, 우리를 현세에 빠지는 하는 것들이 끊임없이 우리에게 그것들의 마법을 거두지 않는다. 그런데 영원성은 유한한 것들이 꾸미는 일체의 것들을 발견하고 폭로시킨다.

그래서 종교성 A가 개인에게 부과한 임무는 유한성으로 이루어져 있는 측면을 극복하는 것인데, 그것은 개인의 유한한 욕망과 세상에 대한 집착 – 현세에 집착하는 것(dying to immediacy) – 뿐만이 아니라, 특정한 개인 자체로서의 실존, 심지어 특정한 개인의 특정한 의지도 비워야 하는 것이다.[91]

---

90 CUP, 494.

91 James Giles, "Freedom and Immanence," Kierkegaard and Freedom (Palgrave, 2000),

"개인은 스스로는 아무것도 할 수 없으며 신 앞에 아무것도 아니다. (…) 그리고 자기 비움은 신과의 관계에서 필수적인 형식이다."[92] 인간이 유한성의 한계를 극복하고 신과 올바른 관계를 맺기 위한 자기 비움은 자기 부정이 아니라 자기의 무한한 확대이다. 신과 함께 하면 모든 것이 가능하다고 믿게 되는 순간은 자기는 모든 것을 버리면서 정열적으로 자신의 실존을 바꾸는 순간이다. 클리마쿠스가 "진리는 곧 주체성"이라고 강조하는 이유는 주체적으로 사는 것이 그만큼 중요하다는 것을 표현하기 위함이다. 그에게 진리는 신 앞에서 참된 자기 자신으로 거듭나도록 정열적으로 내적 변화를 추구하는 것이다. 이것은 또한 소크라테스적 역설이다. 진리가 주체성이라는 관점은 객관적 사유에게는 역설이 되기 때문이다. 키에르케고어는 『공포와 전율』에서 이러한 역설을 신앙과 비견한다. 자기 자신을 선택함으로써 진정한 자기성을 찾으려는 윤리적 실존에 비해, 종교성 A는 개별자가 주체적 진리에 이르기 위해 자기 자신을 비우는 자기의 소멸을 겪기 때문에 선택과 결단의 강도가 훨씬 높다. 그러나 신과 인간의 차이는 절대적으로 극복될 수 없다는 깨달음 위에서 종교성 B가 출현한다.

---

103. 이 문제에 대해 제임스 자일스(James Giles)는 다음과 같이 부연 설명한다. 종교성 A의 이상은 유한성의 한계를 넘어서는 것이다. 세상으로 향한 유한한 욕망과 현세적 물질에 대한 집착뿐만 아니라, 특정한 개인으로서의 존재, 특정한 개인의 특정한 의지라는 범위 안에서의 의지 그 자체까지 극복하는 것이다.

92 CUP, 461.

2) 그리스도적 초월성의 종교성

기독교의 종교성을 말하는 종교성 B는 "초월성의 종교성"이다. 이 종교성의 단계는 신앙을 통해 실존 위에 초월하는 하나님과 인간 사이의 믿음을 회복하는 것을 목표로 한다. 신앙은 실존적 인간이 겪게 되는 불안이나 절망에서 벗어나 스스로 실천적 자기실현을 이루도록 역설적인 진리를 밝혀주는 것이다. 윤리적 실존에서는 "개별자가 보편적인 것에 대하여 자기의 개별성을 주장하려고 하면, 그 순간 개별자는 죄를 범하게 된다"고 말하지만, "믿음이란 곧 개별자가 보편적인 것보다도 높은 것에 있다는 역설"[93]이다. 기독교는 이 역설적 진리를 믿는 종교이다. 보편적으로 받아들일 수 없는 이러한 역설을 이해하기 위해서는 사변적 이성에 기대지 않은 채 기독교의 내면성의 정열로 역설을 받아들이고 믿어야 한다.

이런 일이 있은 뒤에 하나님께서 아브라함을 시험해 보려고 이렇게 말씀하셨다. 사랑하는 네 외아들 이삭을 데리고 모리아 땅으로 가거라. 거기에서 내가 일러 주는 산에 올라가 그를 내게 번제물로 바쳐라.[94]

이렇게 이성의 보편적 법칙을 넘어선 믿음을 선택하는 종교적 단계의 상징이 바로 아브라함이다. 키에르케고어는 『공포와 전율』에서 아브라함이 그의 외아들 이삭을 희생의 제물로 바치는 이야기에서 느끼

---

93 키에르케고어, 『공포와 전율』, 101.
94 「창세기」, 22장 1절.

는 전율을 예로 들며 신앙과 역설을 동일시한다. 「창세기」를 보면 하나님은 아브라함이 백세에 얻은 외아들 이삭을 제물로 바치라고 하신다. '이삭을 통해 자손이 번성할 것'이라던 하나님의 약속과 다시 이삭을 번제의 희생물로 바치라는 명령 사이에는 엄청난 괴리감이 있다. 그런데 아브라함은 뜻밖의 선택을 한다. 아들을 향한 애끓는 부성을 뒤로 한 채 아들을 번제의 희생물로 바치기로 한 것이다. 이 놀라운 역설적 선택은 윤리적 삶의 보편적 기준으로 따지면 이해될 수 없는 것이다. 도의적으로는 살인자와 같은 선택을 한 아브라함이 믿음의 상징으로 둔갑하는 이러한 역설을 어떻게 이해할 수 있는가? 키에르케고어는 아브라함을 이해하기 위해서는 하나의 새로운 범주, 즉 믿음이 필요하다고 한다.[95] "하나님에게는 모든 것이 가능하다는 것"[96]을 믿는 것이다. 믿음 속에 내재하는 특별하고도 강력한 성격은 불가능한 가능성이다. 부조리한 측면과 객관적인 불확실성이 있음에도 믿음을 선택한 아브라함은 결과적으로 이삭을 살리고 그 자손들을 번성케 했다.

역설은 바로 믿음의 전제조건인 것이다. 보편적인 인식을 뛰어넘는 아브라함과 같은 역설적 믿음의 선택은 주체적 결단이다. 믿음을 통한 주체적 진리를 체험하기 위해 고독하게 신과 직접적으로 대면하는 단독자만이 진정한 의미의 결단을 이해하고 있는 것이다. 이러한 개념을 근간으로 키에르케고어가 강조하는 종교적 B의 주체성은 인간학적

---

95 키에르케고어, 『공포와 전율』, 110.

96 이에 대해 키에르케고어는 다음과 같이 설명한다. "결정적인 것은 신에게는 모든 것이 가능하다는 것이다. 이것은 영원한 진리이며 따라서 매순간 계속해서 진리이다. 이것은 정말 일반적으로 알려진 진리인데, 관습적으로 이렇게 표현되고 있다. 그러나 인간적으로 말해서 가능성이 전혀 없을 때 인간이 극단에까지 이르게 되고서야 비로소 진지한 결단이 나오게 된다"(키에르케고어, 『죽음에 이르는 병』, 97).

자기의식이 아니라 신성을 지닌 자기를 내세우는 것이다.

3) 신의 섭리를 믿도록 개인을 양육하는 불안

실존적 개인에게 자기를 초월하는 신을 받아들일 수 있는 조건은 신앙이다. 종교적 실존은 이러한 신앙을 가지고 살도록 결단하는 것이다. 인간이 신과 만날 수 있는 길인 신앙은 또한 진정한 자기됨의 길이다. 신앙은 인간을 비자유의 상태에서 벗어나 자유롭게 행위하도록 자신들을 풀어주는 의지의 표현인 것이다. 『불안의 개념』에서 마지막 장의 제목은 「신앙을 통한 구원인 불안」이다. "우리는 다음과 같은 방식으로 이 제목을 이해해야 한다. 신앙은 우리를 부자유스럽게 만드는 불안감으로부터 우리를 구원한다."[97] 우리는 이 부분에서 불안에 대한 모든 의문이 해소될 것이라고 기대하게 된다. 그러나 막상 『불안의 개념』의 마지막 장에서는 자기와 신과의 관계인 신앙에 대해 자세히 설명되어 있지 않기 때문에 "신앙을 통해서"라는 표현은 다른 저작들 속에서 좀더 되짚어 봐야 한다.

키에르케고어는 『불안의 개념』에서 "불안을 통해서 개인이 신앙을 지향하도록 교육받을 때, 불안은 바로 그 자신이 낳은 것을 뿌리 뽑을 것"[98]이라고 말하고 있다. 불안은 신앙과 연결되어 있고, 신앙은 불안

---

97 Arne Grøn, "Faith," The Concept of Anxiety in Søren Kierkegaard (GA: Mercer Univ. Press, 2008), 148.

98 키에르케고어, 『불안의 개념』, 403.

을 해소하게 되어 있는 것으로 설명하고 있는 것이다. 그렇다면, 과연 불안이 신앙으로 극복될 수 있는가? 이러한 질문에 '그렇다'가 옳은 것처럼 느껴진다. 이런 관점에서 보면 불안은 신앙에 예속되는 것처럼 보이지만, 불안은 실제로는 신앙에 이르기 위해 필수적인 것이다. 신앙은 인간이 잃은 것을 되돌려 주는 존재가 바로 신이라는 사실을 명확히 해준다.[99] 신은 각 개인이 자기 스스로를 구속하고 있는 비자유의 속박으로부터 자유롭게 해준다. 이렇게 하여 우리는 점점 더 『불안의 개념』에서 명시된 내용에 가까이 다가서게 되는데, 그 내용은 바로 키에르케고어가 말하는 "기독교적 신앙심"의 의미이다.

『죽음에 이르는 병』에서는 인간이 스스로에 의해 자기가 확립되지 않았다는 사실을 설명하고 있다. 자기가 다른 존재에 의해 확립된다면, 이 다른 존재는 자기 자신의 외적 존재이다. 신앙이 이들을 관계시키는 것이다. 그런데 인간에게 진정한 자기 자신의 정립이 자기관계와 타자관계를 통해서 가능하다는 주장은 논쟁을 불러일으키는 부분이다. 자기라는 것은 독립적으로 확립된 관계인데, 자기가 왜 스스로 확립되지 못했는가에 대한 논쟁은 이 세상에 두 가지 절망이 존재한다는 사실을 반증하는 것이기 때문이다. 그것은 "절망에 빠져서 자기 자신이기를 원하지 않는 것, 혹은 절망에 빠져서 자기 자신이기를 원하

---

99 키에르케고어는 그의 저작들 속에서 신에 대해 여러 가지 관점을 드러낸다. 『이것이냐/저것이냐』 2권의 윤리적 실존에서는, 자기 스스로의 선택에 의해 자기 자신을 정의하는 관계에 있어서는 신이 최고의 권위를 가진다고 보았다. 『죽음에 이르는 병』에서는 개인이 각자 스스로를 단단하게 결속시켜주는 것은 바로 이 초월적 존재인 신이라고 믿었고 신은 영생과 같다고 주장했다. 또한 "신은 개개인에 주목한다"는 표현을 통해 신과의 관계는 양심에 의해 정의됨을 나타내고 있다. 신은 '자아의 기준'이라고 할 수 있으며, 이는 자아가 형성되기 직전의 인간의 모습이라는 의미를 지닌다. 한편으로 『사랑의 역사』에서는 "개인과 신의 관계는 양심이다"라고 분명하게 명시하고 있다.

는 것이다."[100] 만일 인간이 자기 자신에 의해서 확립되었다면 이 세상에는 한 가지 절망만이 존재할 것이다. 우리가 자기 자신이 되지 않으려는 열망은 있을 수가 없겠지만, 만일 있다면 그것은 자기 자신이 되려는 열망 속에서의 절망일 것이다. 이러한 절망은 우리가 우리 스스로 되기를 원하는 무언가에서 벗어나 다른 무언가가 되기를 갈망하고 있다는 사실을 보여준다.[101] 이것은 인간이 영원한 자기를 소유하는 것에 대한 무지의 깨달음으로부터 나온다. 신앙은 이런 깨달음을 얻으려는 의지의 표현이다.

"믿음이란 사유가 끝나는 곳 바로 거기서부터 시작된다."[102] 이해하지 못하는 상태를 믿어야 한다는 것은 신앙이 도전받는 부분이다. 키에르케고어는 믿음, 즉 신앙을 한 개인이 더 이상 기댈 곳이 없음으로 인해 스스로에게 의지할 수밖에 없을 때의 결정이라고 강조한다. 신앙은 스스로를 선택하게 되는 개인의 결정이나 다름없는 것이다. 따라서 믿기 힘들고 비합리적인 역설에 대해 확고한 믿음을 가질 때 비로소 신에게는 모든 것이 가능하다는 결론에 이른다. 그래서 종교성 B에서는 기독교적 실존만이 인간을 불안과 절망에서 벗어나게 할 수 있다고 강조하는 것이다.

『불안의 개념』의 마지막 장의 제목에 내포된 불안과 신앙심의 관계에 대해서 설명하는 것은 쉬운 일이 아니다. 신앙의 도움에 힘입어서,

---

100 키에르케고어, 『죽음에 이르는 병』, 157.

101 Grøn, "Faith," 145.

102 키에르케고어, 『공포와 전율』, 99.

불안은 (신의) 섭리를 믿도록 개인을 양육한다.[103] 이런 관점에서 보면 불안은 신앙에 예속되는 것처럼 보이지만, 불안은 실제로 신앙에 이르기 위해 필수적인 것이다. 중요한 문제는 개인이 불안을 스스로 받아들이고 그 과정을 경험하는 것이다. 개인은 불안을 경험하고 스스로 그것을 헤쳐나가야 불안으로부터 자유로워질 수 있다. 여기서 말하는 불안이란 매일 일상적으로 발생하는 불안이 아니라 바로 '가능성에 대한 불안'을 의미한다.

개인은 가능성에 의해 교육을 받아야 한다. 그런데 만일 개인이 가능성을 속인다면, 그는 결코 신앙에 도달하지 못한다. 그럴 때 그의 신앙은 유한성의 명민함이 될 것이다.[104]

가능성을 예측할 수 있는 불안은 신앙이 그를 구원할 때까지 전리품으로 그를 포박한다. 일시적인 지혜이고 하찮은 이해타산인 것들인 유한성의 명민함은 무한성의 운동을 끝내게 만들기 때문이다. 그렇지만 신앙에는 이러한 세속적 지향이나 범위가 없기 때문에 모든 인간에게 고른 진정한 유사성을 가지게 한다. 신앙을 통한 인간의 자기됨은 한 개인이 독립적 개체로서 확립되는 미덕으로써 신과의 관계에 깊이 뿌리박혀 있는 것이다. 이처럼 키에르케고어는 신앙의 선취 속에서 가능성에 대한 불안을 통과할 수 있도록 교육받은 사람만이 불안으로부터 자유로워질 수 있다고 강조한다. 키에르케고어가 신앙을

---

103 키에르케고어, 『불안의 개념』, 407.

104 키에르케고어, 『불안의 개념』, 400.

통해 지향하는 것은 모든 개인이 신과 대면하고 있는 각자들이라는 의미에서 '영원한 존재와의 평등'이다. 그리고 그가 각각의 개인에게 요구하는 덕목은 '자유를 찾고, 독립성을 갖고, 자기 자신이 되는 것' 이다.

4장

관계의 변증법과
불안이 심화된 절망

키에르케고어가 말하는 '관계로서의 실존'의 궁극적인 지향점은 진정한 자기를 회복하면서 자기를 실현하는 것이다. 그것은 '자기 자신과 맺는 관계'와 자기를 적립한 '타자와의 관계' 속에서 수행되는 관계의 변증법적 과정을 통해 가능하다. 그러나 실존적 인간은 자기 자신과 맺는 잘못된 관계에서 내적 불화를 겪을 수 있고, 자기를 적립한 힘인 모태로서의 근원과의 잘못된 관계에서 내적 불화를 겪을 수 있다. 현실 속에서 수행되는 실존은 무수한 모순과 갈등으로 점철되어 있으므로 관계 속에 있는 것은 언제든지 충돌하며 부조화의 상태로 바뀔 수 있기 때문이다.

관계의 변증법은 자아를 형성하는 관계의 종합이 내적 불화의 상태에 처하지 않도록 심미적 · 윤리적 · 종교적 실존의 관계를 강화하는 것이다. 종교적 실존으로 전진하며 유한한 인간은 영원성과 무한성 같은 신적 특성을 지닌 개념들과 부딪치며 모순을 겪게 하지만 끊임없는 관계를 통해 그것을 극복해야 한다. 보다 높은 단계의 정신적인 내면성을 추구하는 관계의 변증법을 통해 실존적 인간은 불안과 절망에 뒤덮여 있던 자유의 회복을 통해 끊임없이 자신의 자아를 재발견할 수 있다. 그것은 키에르케고어가 이미 『반복』을 통해 시도했던 것이다.

그런데 안티-클리마쿠스는 『죽음에 이르는 병』에서 '관계로서의 실존'을 재차 강조한다. 누구든지 '실존의 수행 중에' 이런 저런 형태의 절망에 처할 수 있는 것은 관계로서 실존하지 않기 때문이라는 것이다. 잘못된 관계는 불안을 강화시켜 절망을 초래한다. 안티-클리마쿠스는 이에 대해 좀더 명확하게 설명한다. "절망이라는 균열된 자기관계는 단순히 하나의 잘못된 관계가 아니며, 자기 자신과 관계할 뿐만 아니라 타자에 의해서 정립된 관계 안에서의 잘못된 관계이며,"[1] 그런 까닭에 자기 관계를 적립한 힘과의 관계인 타자 관계가 올바르게 수행되어야 한다.

그렇다면 타자관계란 무엇인가? 그것은 실존영역 전체를 관계시키는 존재가 무엇인가라는 물음과 같은 것이다. 그런데 어떤 상태에서 타자관계를 수행할 수 있는지를 이해하는 데에는 어려움이 따른다. 이에 대해 안티-클리마쿠스는 우리 스스로가 실존적 절망에 처할 때 비로소 신과의 타자관계에 이를 수 있는 초월과 교통하게 된다고 강조한다.

자기는 자기 자신과 관계하는 무한성과 유한성의 의식적 종합이며, 자기의 과제는 자기가 되는 것이다. 그런데 그것은 오직 신과의 관계를 통해서만 수행될 수 있다.[2]

---

1 키에르케고어, 『죽음에 이르는 병』, 58.

인간은 내면적으로 상호 대립되는 시간성과 영원성, 유한성과 무한성, 가능성과 필연성이라는 질적인 모순을 내포하는 존재이기 때문에 불안을 겪게 된다. 대립적인 것을 끌어안는 종합의 결과를 통해 인간의 자기가 형성되기 때문이다. 잘못된 방향의 종합이 모순이라는 것이 의미하는 바는 올바른 종합이 이루어지기 전의 상태가 모순임을 말하는 것이다. 이렇게 여겨지는 한에 있어서, 안티-클리마쿠스가 말하기를 "종합 이전의 인간은 아직 자기가 아니다."[3]

절망에서 벗어나는 유일한 길은 인간이 관계를 회복시켜주는 정신을 통해 자기를 회복하는 것이다. 그렇다면 정신이란 무엇인가? 비길리우스 하우프니엔시스는 정신의 역사에 대해 언급하던 글에 삽입된 다음과 같은 어구를 통해 정신의 개념에 관한 작은 단서를 주었다. "그리고 정신은 역사를 지닌다는 것이 바로 이 정신의 비밀이다."[4] 이와 같은 관점에서 보면, 정신에 의해 구성되고 유지되는 '영과 육의 종합'은 인간에 대한 첫 번째 정의가 되는 것처럼 보인다. 영혼과 육체의 관계맺음을 가능하게 하는 것이 정신이라는 것은 동시에 인간이 영원한 것과 시간적인 것의 종합이라는 두 번째 정의가 되기도 한다.

> 시간성과 영원성의 종합은 또 다른 종합이 아니며, 최초의 종합에 대한 표현인 바, 이에 따르면 사람은 정신에 의해서 유지되는 영과 육의 종합이다. 정신이 정립되자마자 순간은 현존한다.[5]

---

2 키에르케고어, 『죽음에 이르는 병』, 84.
3 키에르케고어, 『죽음에 이르는 병』, 55.
4 키에르케고어, 『불안의 개념』, 207.
5 키에르케고어, 『불안의 개념』, 261.

그런데 첫 번째 정의에서 시간성은 결핍되어 있는 것으로 보이고, 제3의 요소인 정신은 두 번째 정의에서 드러나지 않는다. 제3의 요소가 없다면, 종합도 없을 것이다. 왜냐하면 일종의 질적 모순인 대립 항 사이의 종합은 제3의 요소 속에서만 완성될 수 있기 때문이다. 그렇다면 시간성은 무엇인가? 이와 같은 물음에 비길리우스 하우프니엔시스는 다음과 같은 답변을 내놓는다. "시간과 영원의 종합은 다른 두 가지와 다르다. 즉, 정신은 최고의 종합 그 자체로부터 야기되는 동시에 종합을 구성하는 한 요소인 영원과 관계한다."[6] 이런 답변은 정신이 시간성을 다룬다는 것을 의미한다. 두 번째 종합은 첫 번째 종합이 모두 무엇에 관한 것인가를 부연적으로 설명해 주는 것이다. 『죽음에 이르는 병』에 등장하는 대립항들이 『불안의 개념』에서는 등장하지 않지만, 키에르케고어는 이들 개념이 다른 종합과 양립할 수 있는 것이라고 언급한다. 엄밀히 말해 종합은 하나뿐이기 때문에, 여기서 추가되는 종합들은 부분으로 포함되는 것일 수 있다. 따라서 그것들이 영화(靈化)의 과정에 속하는 것인지, 아니면 영과 육의 직접적인 종합의 일부를 형성하는지에 대한 의문이 제기될 수 있다. 그것들이 전자에 속한다는 사실에는 의심의 여지가 없다. 그러나 추가되는 종합들은 영원과 순간의 종합이 있기 전까지는 확정적인 의미를 부여받지 못하는 하위단계의 형태를 취할 수밖에 없다.

이처럼 인간이 양극의 종합을 실현할 수 있는 힘을 상실한 상태를 현대의 정신분석학에서는 죽음충동[7]이라 한다. 변증법적 양극의 종합

---

6 Tayor, Kierkegaard's Pseudonymous Authorship, 88.

7 프로이트는 그의 후기 저술인 『쾌락원칙을 넘어서』에서 생명의 힘 안에 포괄할 수 없

을 이루기 위해 인간은 스스로 이해할 수 없는 것인 초월과 관계를 맺을 수밖에 없는데, 그것이 바로 도약이다. 이는 절대적인 영원성을 향해 자신을 무한화하는 과정 속에 있는 것이다. 인간은 도약을 통해 모순된 방향으로 진행되는 대립항들을 끊임없이 종합하며 이전과 질적으로 다른 내면성을 형성하게 된다.

1. 영원성과 시간성

비길리우스 하우프니엔시스에게 시간성과 영원성의 종합은 영혼과 육체의 관계맺음이라는 최초의 종합에 대한 다른 표현인 두 번째의 종합이다. 이런 종합이 실현되는 순간은 실존적 자기관계가 맺어지는 순간이다. 『불안의 개념』에서는 이러한 순간을 인간학적 의미에서의 시간성이라 설명한다. 이런 시간성은 영원이 시간 속으로 비춰지는 순간을 말한다. 이러한 순간에 집중하는 것은 내면적 심연으로 침잠하여 자기 자신의 본질을 이해하는 현재의 순간을 경험하는 것이다. 그런데 시간성과 영원성은 서로 대립하는 질적 모순을 지니고 있기 때문에 종합에 이르기가 매우 어렵다. 이런 난제를 극복하기 위해 시간성과 영원성은 깊이 있게 고찰해야 될 필요가 있다.

는 다른 힘의 존재에 주목하고 이를 죽음본능이라 하였다(Sigmund Freud, Beyond the Pleasure Principle (1920), trans. James Strachey [New York, 1961]). 생명본능이 에로스 (Eros)이고, 죽음본능은 타나토스(Thanatos)이다. 죽음충동, 즉 타나토스란 죽음을 의미하는 그리스어에서 가져온 것이다.

1) 순간 속 영원과 영원 속 순간

정신이 시간성을 어떻게 다루는지에 대한 문제는 정신이 역사를 지닌다는 정신의 비밀에서 그 해답의 실마리를 찾을 수 있다. 정신으로서의 인간은 시간에 노출되기 때문이다. 그런데 그것은 역사를 가지고 있다. 정신의 역사에 대한 문제에서 첫 번째 정의는 영과 육의 종합이다. 이러한 정신의 역사에 관한 언급은 시간성과 영원성이라는 두 번째 정의 안에서 반복된다. 이런 두 가지 종합을 거치면서 정립되는 정신을 바탕으로 실존적 순간은 현존하게 된다. 여기서 암묵적으로 이해할 수 있는 정신에 대한 세 번째 정의는 "시간과 영원이 서로 접촉하는 양의성(兩意性)"[8]에 의해 정의되는 순간이다. 정신의 역사가 시작되는 이 지점에서부터 유한성이라고 부를 수 있는 운동이 나타난다. 유한성은 자신이 순간적인 존재임을 자각하면서 동시에 무한을 지향하여 진정한 자기에 도달하도록 한다. 이러한 운동은 시간 속에서 영원이 비춰지는 순간을 전제한다. 따라서 영원성이 정립되지 않으면 "시간과 영원이 서로 접촉하는" 순간은 현존하지 않게 되는 것이다.

시간이란 어떤 고유한 현재도, 과거도, 미래도 없는 무한한 연속이다. 만일 시간의 무한한 연속에서 분할을 수행하는 현재라는 확고한 지점이 발견된다면, 그 분할은 유지될 수 있을 것이다. 비길리우스 하우프니엔시스는 이러한 시간의 연속을 지양하며 그것을 뛰어넘는 초월적 요소를 영원으로 정의한다. 시간은 지나가버리는 연속인데 비해서, "사유되었을 때 영원은 일종의 지양된 연속이라는 점에서 현재적

---

8 키에르케고어, 『불안의 개념』, 262.

이다."⁹ 영원에는 시간적 분할이 없기 때문에 영원으로의 순간인 현재는 늘 충만함을 가진 채 흘러간다.

만물을 새롭게 만든, 그리스도교의 핵심개념은 시간의 충만성이다. 그렇지만 시간의 충만성은 영원으로서의 순간이며, 이러한 영원은 또한 미래이자 과거이기도 하다.¹⁰

모든 것의 최종적 기준이 이데아인 그리스 문화에서 삶의 시간은 플라톤의 상기와 가깝다. 그런데 신의 섭리에 의해 선천적으로 주어진 지식을 끄집어 낼 수 있다는 상기는 과거적 성격을 지닌다. 그렇기 때문에 그리스인들에게 영원은 오직 뒤로 들어갈 수 있을 뿐인 과거로서 배후에 놓여 있다.¹¹ 그리스인들에게 영원성의 개념은 무상성에 가까운 것이기 때문이다. 그래서 키에르케고어는 시간의 기독교적 인식을 통해 그리스인과 현대인들이 지닌 현재 없는 시간의식과 맞선다.¹² 영원이 과거로 간주된다면 그것은 전적으로 추상적인 개념이 되어 버리기 때문이다. 반면, 기독교의 세계관 안에서 시간은 과거와 현재 그리고 미래의 관계가 서로 온전하여 늘 충만함을 가진 채 흘러가는 것이다. 영원은 그것 자체의 영원성 속으로 현재에 과거와 미래를 포함시키는 것을 용인하는 "시간의 충만함"¹³이다. 영원성은 시간의

---

9 키에르케고어, 『불안의 개념』, 258. (임규정의 번역을 일부 수정함).
10 키에르케고어, 『불안의 개념』, 264. (임규정의 번역을 일부 수정함).
11 키에르케고어, 『불안의 개념』, 263.
12 Dupré, "Of Time and Eternity," 127.
13 Dupré, "Of Time and Eternity," 126. 키에르케고어는 『기독교 강화』에서 '시간의 충

무상성에 끊임없이 충만한 의미를 부여해 준다. 기독교의 세계관에서 영원은 현재와 과거 사이에 끊임없이 이루어지는 변증법적 대화 속에서 획득되는 미래의 이미지인 것이다. 그런데 그것은 철저한 현재의 인식을 통해서만 이루어질 수 있다. 왜냐하면 실존의 그 특별한 순간들은 과거와 미래가 서로 교통하는 지속적인 현재 속에서 다양한 빛깔로 채색된 채 경험되는 것이기 때문이다.

이처럼 키에르케고어에게 영원성에 관련된 시간성의 이해는 기독교적인 관점과 긴밀하게 관계되어 있다. 엄밀한 의미에서 영원성은 초월적인 차원을 제시하기 때문에 시간성의 차원을 이해하지 못한다. 그러나 시간성을 이해하지 못하면 종교적 도그마가 지배하게 되기 때문에 영원성을 실존적인 차원으로 끌어내려 설명할 필요가 있다.

2) 물리적 시간에 결박된 절망

무한한 연속이며 공허한 현재로서의 시간이란 무엇인가? 키에르케고어가 말하는 실존적 시간은 과거와 현재 그리고 미래를 균질적인

만함'을 다음과 같이 표현한다. "영원의 도움으로 한 사람이 오늘(지금)에 몰두하여 살고 있을 때, 그는 지난날에서 등 돌려 앞을 내다보고, 전혀 뒤는 보지 않았다. 그가 돌아서서 주변을 돌아봤다면, 영원은 그의 눈에 닿기 전에 혼란스러워지고, 다음 날이 되었을 것이다. 하지만 그가 목표(영원)를 향해 더 효과적으로 일하기 위해 등 돌렸다면, 그는 다음 날을 전혀 보지 않았겠지만, 영원의 도움으로 매우 분명하게 오늘과 오늘의 일을 본다. …믿음은 오늘 이것을 영원과 그를 가지기 위해 스스로 영원의 뒤로 돌아선다. 하지만 그 사람이 미래에 대해 세속적 열정으로 등을 돌린다면, 그는 영원으로부터 가장 멀어지는 것이다"(Kierkegaard, Christian Discourse, trans. Walter Lowrie, [Princeton: Princeton University Press, 1971], 76-77).

선으로 나누는 물리적 시간과 분명히 다르다. 물리적 시간의 공간적 재현에서 찰나의 순간은 아무런 중요성을 갖지 못하기 때문이다. 시간의 무한한 연속에서 시간적 분할을 수행하는 현재는 실존적인 시간을 이루기 위한 어떤 확고한 발판이 되어야 한다. 그런 전제가 성립될 때 현재와 미래, 현재와 과거, 과거와 미래는 공존할 수 있기 때문이다. 그렇기 때문에, 엄밀히 말하면 물리적 시간에는 현재도 과거도 미래도 없는 것이다. 물리적 시간의 순간은 영원과 무관한 현재이기 때문에, 그것에는 아무런 내용을 갖지 않는 공허한 현재만이 있을 뿐이다.

자기관계가 맺어지는 순간으로의 시간성은 시간과 영원이 서로 접촉하는 순간 속에서 "영원은 끊임없이 시간을 관통해 들어간다."[14] 순간은 지속적으로 과거와 미래를 현재로 변형하는 것이다. 그러나 매일의 일상적 삶을 다람쥐 쳇바퀴 돌듯이 사는 사람들에게는 현재는 중요하지 않게 여겨진다. 이런 삶에서는 실존적인 자기관계가 실행되지 않기 때문이다. 순간은 물리적 시간의 흐름을 멈춰보려는 "영원의 원자"가 됨으로써, 정신에 의해 유지되는 영과 육의 전체적인 종합을 시간성과 영원성의 종합으로 재구성한다.[15] 오로지 영원을 향한 관계만이 시간을 충만함에 이르게 하기 때문에 카르페 디엠(carpe diem)과 같이 "영원과 대립하는 순간"[16]은 가장 불행한 시간이 된다.

만일 물리적 시간이 과거, 현재, 미래의 시간적 분할을 유지할 수 있

---

14 키에르케고어, 『불안의 개념』, 262.

15 Dupré, "Of Time and Eternity," 127.

16 감성적 삶의 불완전성으로 인한 영원과 순간의 대립은 순간을 영원과 무관한 것이 되게 한다. 지금을 붙잡고 현재를 즐기라는 의미의 카르페 디엠(carpe diem)과 같이 영원과 대척된 순간은 실존적 삶을 잃어버리기 때문에 불행한 순간이 된다.

다고 주장한다면, 그것은 사람들이 시간의 연속성을 분할하기 때문이다. 이런 물리적 시간은 고대 자연철학으로부터 기인했는데, 특히 플라톤은 그의 대화편 『티마이오스』에서 이러한 시간을 영원의 모상으로 설명하고 있다.[17] 본래 플라톤주의에서 볼 수 있는 영원성은 키에르케고어가 말하는 시간 속에서 출현하는 영원성이 아니라 시간 바깥에 있는 무시간의 영원성을 말한다. 그런데 플라톤의 우주론을 담은 『티마이오스』에 등장하는 우주의 창조자인 데미우르고스 신이 어떤 영원의 모상을 만들 생각을 하게 되면서 생겨난 시간의 종류들이 과거, 현재, 미래의 형태이다. 이런 시간의 이해가 물리적 시간의 전통을 형성하게 되었다.

그러나 이렇게 시간의 분할을 유지할 수 있다면, 그것은 사람들이 순간을 공간화하기 때문이다. 키에르케고어가 대부분의 철학적 전통에서 나타난 시간을 불만족스럽다고 여김으로써 지적하는 것은 바로 이와 같이 공간화된 시간이다. 키에르케고어는 시간의 문제에 관한 많은 철학적인 설명들이 공간화된 시간이라는 범주 아래에서 이루어졌기 때문에, 인간의 주체나 자기에 대한 문제의 상당히 중요한 측면들이 대체로 간과되었다고 생각한다.[18] 공간화된 시간은 시간과 공간을 동일시하여 시간을 인간의 진정한 내면을 담는 사유의 대상이 아닌 묘사의 대상이 되도록 표상에 끼워 넣는 것이다. 가령 힌두인들이 7만

---

17 "그는 움직이는 어떤 영원(aiōn)의 모상(eikōn)을 만들 생각을 하고서, 천구에 질서를 잡아 줌과 동시에, 단일성(hen) 속에 머물러 있는 영원의 [모상], 수에 따라 진행되는 영구적인 모상(aiōnion eikōn)을 만들게 되는데, 이것이 바로 우리가 시간(chronos)이라 이름지은 것입니다"(Platon, 『플라톤의 티마이오스』, 박종현 · 김영균 공동 번역[서울: 서광사, 2000], 102).

18 Taylor, Kierkegaard's Pseudonymous Authorship, 80.

년 동안 통치했던 왕조에 대해서 이야기할 때 '7만년'이란 표현은 공간이며 표상적으로 시간을 사유하는 것이다. 실존적 시간의 관점에서 '7만년'이란 표현 자체는 무한한 사유의 사라짐이다. 왜냐하면 심지어 표상으로서조차 시간의 무한한 연속은 일종의 무한하게 공허한 현재[이것은 영원성에 대한 서투른 모방이다]이기 때문이다.[19] 비길리우스 하우프니엔시스는 공간적인 시간의 이해가 시간을 표상화한다고 설명하지만, 안타깝게도 이러한 언급을 더 이상 상세하게 발전시키지 않았다. 따라서 공간화된 시간이 정확히 무엇을 의미하는지 이해하기 위해서는 그가 제시한 개념을 확장시키는 시도가 필요하게 된다.

공간화된 시간과 관련하여 키에르케고어가 주장하는 의미를 가장 잘 보여주는 것은 『자연학』(physica)에서 아리스토텔레스가 내린 시간에 대한 정의이다.[20] 『자연학』 제4권에서, 아리스토텔레스는 철학사의 많은 부분을 할애하여 시간의 규범적인 정의가 될 만한 것을 보여주었다. 시간이 앞과 뒤에 관련한 움직임의 수라는 것은 분명하고, 그것은 지속적인 무엇인가의 속성이기 때문에 지속성을 지니는 것이다.[21] 그런데 현재의 논의를 이해하기 위해서 중요한 것은, 아리스토텔레스가 다음과 같은 표현을 통해 서로 떼어놓을 수 없는 시간과 운동의 관계도 구축했다는 점이다. 시간은 운동을 표시한다, 왜냐하면 시간은 움직임의 수이고, 시간의 운동이기 때문이다."[22] 이런 주장에 따르면,

---

19 키에르케고어, 『불안의 개념』, 257.

20 Taylor, Kierkegaard's Pseudonymous Authorship, 81.

21 Aristotle, Physica, Book IV, II. The Works of Aristotle Translated Into English, trans. R. P. Hardie and R. K. Gaye (Oxford: The Clarendon, 1970), 220.

22 Aristotle, Physica, Book IV, II, 220.

시간은 공간을 통해 대상의 움직임을 측정할 수 있는 수단이 된다. 대상의 운동에 대한 인식은 시간개념의 형성보다 우선이고 필수 조건이다. 그것은 우리가 움직임 속에서 전과 후를 인식하게 되는 것에 영향을 받는 육체를 수단으로 하기 때문이고, 만약 우리가 이러한 것들을 셀 수 있는 것으로 여긴다면 우리는 '지금'을 얻을 것이다.[23] 아주 분명하게 아리스토텔레스는 직선을 따르는 대상의 움직임을 마음에 두고 있는 것이다. 이것은 전과 후의 개념을 이끌어낸 공간을 통한 대상의 움직임이다.

대상을 가로지르는 공간은 '이전', 즉 과거이고, 아직 가로지르지 않은 공간은 '이후', 즉 미래이다. 만일 관찰자 자신이 사물의 움직임을 셀 수 있다고 생각한다면 그는 '지금', 즉 현재에 도달한 것이다."[24] 공간을 통한 사물의 운동 모형에 따라 이해해 본다면 시간은 무한한 점들의 집합인 하나의 선이다. 그 점들은 현재와 과거를 구분해주는 연속된 현재들을 나타내는 것이다. 이것이 바로 우리가 지금까지 시간이라고 불렀던 공간화된 시간에 대한 이해이다. 마크 테일러(Mark C. Taylor)는 공간화된 모든 시간의 순간들은 공간 안에서 하나의 점으로 바뀌기 때문에, 이러한 이해는 현재를 과거와 미래로부터 고립된 것으로 만들어 버린다고 주장한다.[25] 이러한 공간화된 시간에 대한 이해는

---

23 Aristotle, Physica, Book IV, II, 219.

24 Taylor, Kierkegaard's Pseudonymous Authorship, 82.

25 마크 테일러는 다음과 같은 몇몇 중요한 결과들이 이러한 견해를 뒷받침한다고 설명한다.
첫 번째로, 모든 시간의 순간들은 균등하며 동등한 것이다. 각각의 순간은 공간 안에서 하나의 점으로 볼 수 있고, 다양한 점들 사이에서 어떠한 필연적인 차이점은 존재하지 않는다.

일부 사상가들로 하여금 시간을 인간의 행위를 특징짓는 내부적인 자아의 시간이 아닌 외부적인 물리적 시간으로 간주하도록 이끌어 왔다.

시간의 무한한 연속은 물리적인 시간이 아니라 실존적인 자아의 시간이 되어야 한다. 자아의 시간 안에서 스스로의 실존 방식을 결정할 수 있는 자유가 자각되는 순간의 혼란이 바로 불안이다. 실존적 인간이 불안 속에서 내리는 이 결단은 시간을 초월하는 영원과 서로 접촉하는 순간에 이루어진다. 자기 자신으로서 인간은 누구든지 시간에 노출되지만, 인간으로서 우리는 스스로를 영원의 세계에 놓을 수 없다. 따라서 우리는 오로지 시간 안에서 영원과 접촉하는 순간을 맞이할 수밖에 없는 것이다.

두 번째 요인은 이것과 밀접하게 관련되어 있다. 시간은 움직임의 수를 측정하기 위해 의도되었다. 키에르케고어의 이해에 따르면, 그러한 정량은 모든 질적 차별화를 배제하는 것으로 보일 수 있을 것이다.

세 번째로, 공간화된 시간은 보편적이다. 즉, 시간은 모든 사물들의 특성에 관계없이 적용된다. 그리고 공간화된 것 위에 망으로써 보이는 동등하고, 양적이며 보편적인 점들이다. 객관적인 시간이 사물의 움직임에 대한 인식으로부터 나온다는 사실은 인간과 관련하여 사용되는 이런 시간의 이해를 막지 못한다. 그러나 이것이 끝나면, 사람들은 사물과 유사한 방식으로 다뤄진다. 이 경우에는 공간화된 시간은 주로 연대기와 관련이 있다. 노력은 공간적이고 시간적인 조정을 통하여 사건들을 위치시키도록 해야 하는 것이다. 비록 이러한 사건에 대한 접근이 다른 사건과 관련하여 "전과 후"라는 관점에서 발생한 일들을 각각 위치시키는 것이 가능할지라도, 그것은 인간의 목적 자체나 사건의 중요성에 영향을 미칠 수 없다. 이러한 공간화된 시간의 측면은 일부 사상가들이 시간을 인간의 행위를 특징짓는 내부적인 시간의 반대로서의 외부적인 시간으로써 간주하도록 이끌어 왔다.

네 번째로, 공간화된 시간의 분석에 따르면 오직 현재만이 현실성을 가진다. 다시 말하면, 현재는, 과거에는 계속되어 왔지만 지금은 아닌 것, 그리고 미래에 진행될 것이지만 아직은 아닌 것이 된다. 이런 공간화된 시간의 특징은 이미 다음과 같은 아리스토텔레스의 주장에서 드러난다. "시간의 한 가지 측면은, 계속되어 왔지만 지금은 아닌 것이고 반면에 계속 진행될 것이지만 아직은 아닌 것이다. …만약 '지금'이 지금인 것이 아닌, 이전에 '였다'면, 그것은 어느 순간 정지되어야만 한다. '지금'들은 역시 서로 동시에 존재할 수 없는 것이라면, 이전의 '지금'은 반드시 항상 중단되어야 하는 것이다"(Taylor, Kierkegaard's Pseudonymous Authorship: A Study of Time and the Self, 83).

『불안의 개념』에 나타난 다음과 같은 구절에서 비길리우스 하우프니엔시스의 시간성과 영원성에 대한 견해가 집약되어 나타난다. 시간과 영원이 서로 접촉한다면, 영원은 시간 안에 있어야 한다.[26] 접촉의 사건이 시간 안에 있어야 한다는 것은 영원이 시간 속으로 비춰지는 것을 말한다. 아르네 그론(Arne Grøn)은 "시간 안에 있어서라는 말은 구체적인 자기 자신이 인간 실존의 뿌리에까지 도달한다는 것을 의미한다"는 설명을 덧붙인다.[27] 시간과 영원이 접촉하는 순간은 정신이 종합을 수행하는 순간이다. 이처럼 비길리우스 하우프니엔시스는 순간을 실존적인 자기 관계의 범주로 재해석하는 것이다. "이렇게 이해할 때, 순간은 본래 시간의 원자가 아니라 영원의 원자이다. 그것은 시간 안에서의 영원한 최초의 반영이며, 시간을 멈춰보려는 영원한, 말하자면 최초의 시도이다."[28] 영원이 시간 속으로 침투하는 순간은 인간의 무한화와 유한화가 동시에 수행되는 순간이다.

2. 무한성과 유한성

존재하는 모든 것은 오직 현세적인 것뿐이라는 세속적 가치에 함몰된 정신 속에 있는 것이 유한성이다. 유한성은 정신적인 것을 배제한다. 그래서 물신주의적 자기 성취를 위해 현세적인 것에 몰두하는 사

---

26 키에르케고어,『불안의 개념』, 259.

27 Arne Grøn, "Spirit and Temporality in The Concept of Anxiety," Kierkegaard Studies Yearbook 2001 (Walter de Gruyter, 2001), 131.

28 키에르케고어,『불안의 개념』, 261.

람들은 정신적으로 말해서 자기 자신이 어떻게 상실되고 있는지조차를 이해하지 못한다. 유한성에 사로잡혀 있는 사람은 무한성의 가치를 발견하지 못한다. 세속적 가치는 유한성 속에 자기를 결박시키며 무한한 가치를 사소한 것에 부여하기 때문에 인간들의 속물화를 가속시키는 것이다. 제한된 협소함의 세계인 유한성의 운동으로 계속되는 세속적 가치의 추구는 채워질 수 없는 욕망이기 때문에 사람들은 끊임없이 그것에서 맴돌게 된다. 이러한 집착은 인간을 속물적 욕망에 휘둘리게 하여 비자유한 예속의 상태로 전락시킨다. 현세적인 것에 대한 집착은 자기 바깥에 만들어 놓은 사회적 역할이나 산물을 자기 자신이라고 착각하게 만들며 그것의 가치에 인간을 예속시키게 한다. 이런 예속의 상태에서 인간은 자신의 내면성에서 존재의 뿌리를 찾지 않고 자신의 바깥에 있는 대상을 추구하기 때문에 자기를 상실하게 한다. 그렇지만 무한성은 일상에서 무심코 수용하게 되는 세속적 가치를 해체하고 비우게 한다. 스스로 존재함을 느끼는 내면화를 통해 실현되는 무한성의 체험은 비자유한 예속상태의 삶으로부터 벗어나 자기 자신에게 고유한 본래적인 상태로 이끈다.

> 불안은 현기증에 비유될 수 있다. …불안은 자유의 현기증인 바, 이
> 현상이 나타나는 때는 정신이 종합을 정립하기를 원하고 자유가 자신
> 의 가능성을 내려다보면서, 자신을 지탱하기 위해서, 유한성을 붙잡을
> 때이다.[29]

---

29 키에르케고어, 『불안의 개념』, 198.

비길리우스 하우프니엔시스는 유한한 인간이 무한성에 마주칠 때 느끼게 되는 현기증을 불안이라 한다. 그런데 유한성과 무한성의 종합에 대한 보다 진전된 논의는 안티-클리마쿠스에 의한『죽음에 이르는 병』에서 찾아볼 수 있다. 안티-클리마쿠스는 의식성이 더 분명해진 상태에서의 종합을 설명하기 때문이다. 한 인간으로서 자기는 규정되지 않고 개방되어 있는 무한성과 미리 확정되어 있는 유한성으로 이루어져 있다. 그런데 이 종합은 하나의 관계이다. 그리고 이것은 파생적이기는 하지만 자기 자신과 관계하는 관계이고 자유이다.[30] 자기는 곧 자유를 의미하지만, 그것은 스스로 정립하는 절대적 자유가 아닌 파생적 자유이다. 이 불안정하고 불안한 자유는 투명하게 인식되지 않는 암흑지대인 내면의 깊은 심연에서 파생된다. 그래서 유한성과 무한성의 종합은 자기 자신을 투명하게 바라볼 수 없다는 데서 출발해야 한다. 존재의 근원적 흔적을 추적하면서 인간의 심연을 들여다볼 때 엄습해오는 하찮은 존재로서 유한자가 느끼는 현기증이 자유의 현기증이며 불안이기 때문이다.

진정한 자기가 되는 과제는 자기 자신을 무한하게 만드는 자기 존재의 가장 심오한 차원과의 관계를 통해서 가능한 것이다. 그런데 그어떤 자기가 자신의 내적 대상인 내면성이 아닌 자기 바깥의 대상을 추구할 때 자기관계를 실패하게 된다. 자기 자신과의 분열적인 관계를 야기하는 자기관계의 실패는 안티-클리마쿠스에 의해 다음과 같이 무한성의 절망과 유한성의 절망으로 유형화된다.

---

30 키에르케고어,『죽음에 이르는 병』, 83.

1) 무한성의 절망

무한성의 절망은 무한성을 한정시키는 유한성이 결여된 상태이다. 무한성의 절망은 개인을 몽상가로 만들어 버린다. 개인이 몽상가적인 가능성 속에 가라앉는다면 구체적으로 자기 자신이 되는 과제는 더욱 더 사라져 갈 뿐이다. 자기는 무한성과 유한성으로 이루어진 하나의 관계이기 때문이다. 인간은 공상을 통해 자기 스스로를 무한하게 만든다. 유한한 존재인 인간이 무한한 존재로 거듭나려는 충동은 공상을 낳기 때문이다. 언어가 인간의 의식을 표상하기 전에 존재의 무한성을 시적 은유로 접근하려는 충동이 이미지인데, 그것은 공상을 표현하는 매체가 된다. 그렇지만 이미지의 세계인 몽상적 환영인 망상은 가짜 현실을 구축하려는 경향이 있기 때문에 개인을 몽상가로 이끌게 되는 것이다.

공상적인 것은 인간을 자기로부터 멀어지게 할 뿐이며, 그렇게 함으로써 인간이 자기 자신에게로 되돌아가는 것을 방해하는 그런 방식으로 일반적으로 인간을 무한한 것으로 인도한다.[31] 공상이란 매체의 강렬함은 자기의 한계를 깨고 자신의 바깥으로 무한히 벗어나게 만들기 때문이다. 이런 상태에서는 구체적인 자기 자신으로 돌아오게 하는 유한성의 제약이 없어지면서 인간의 개별적 개체성이 사라지게 된다. 공상에 사로잡힌 사람은 어느 정도 무한화를 경험하게 되지만, 그 자신은 증발한다. 그래서 현실성이 없는 몽상가가 되는 것이다.

---

31 키에르케고어, 『죽음에 이르는 병』, 86.

2) 유한성의 절망

유한성의 절망은 무한성의 부재로 자기가 상실되는 절망의 상태이다. 군중들에 의해 형성된 세속적 견해 속에서 "자기가 되는 대신에 하나의 숫자가 됨으로써"[32] 실존적 개인은 익명의 다수로 전락한다. 세속적 인간이란 개인이 다른 사람처럼 사는 것을 의미한다. 모든 개인들은 자기만이 지니고 있는 고유성, 즉 분명히 없애서는 안되는 가장자리가 있는데 그 윤곽이 사라질 때 개인은 평준화된 세계로 이끌려진다. 타인들에 의해 규정되어지는 평균성은 혼자 느끼고 생각하며 자신을 돌아보아야 하는 내면화를 어렵게 한다. 이처럼 실존적 비자유의 상태인 평균성에 사로잡히게 되는 것은 무한성에 대한 인식이 부족하기 때문이다. 자기 상실은 무한한 것 속에서 사라지는 것이 아니라 완전히 유한화에 폐쇄되어 있을 때 일어나는 것이다.

불안에 의해 교육을 받은 사람은 누구나 다 가능성에 의해 교육을 받은 것이며, 가능성에 의해 교육을 받은 사람만이 자신의 무한성에

---

32 키에르케고어, 『죽음에 이르는 병』, 89. 안티-클리마쿠스가 말하는 "타인과 같이 존재하는 것, 또 하나의 사본, 숫자 하나, 군중의 일원이 되는 것이 훨씬 편하고 안전하다는 생각"(키에르케고어, 『죽음에 이르는 병』, 90)은 하이데거의 표현으로 '그들(Das Mann)'이 되는 것이다. '그들'은 이러한 평균성이 중뿔난 모든 예외를 감시한다. 해야 될 것과 하지 말아야 될 것이 포함된 이 평균성은 타인들에 의해 규정되어지고 평균화된 세계로 개인을 이끈다. 이처럼 타인에 의해서 영향을 받으며 삶을 영위하는 것을 하이데거는 '그들'이라고 한다. 눈앞에 있는 존재로서 확인할 수 있는 실재로써 '그들'은 없지만 그럼에도 불구하고 존재하는 실존범주의 하나이다. 이러한 일상적인 존재양식이 자기를 은폐하는 것이다. 그렇지만 명예와 존경과 쫓고 부를 축척하는 것은 자연스럽고도 당연한 인간생활이다. (마르틴 하이데거, 이기상 옮김, 『존재와 시간』, [서울: 까치, 1998], 177).

따라서 교육을 받은 것이다.[33] 생성되는 그 무엇으로써 가능성의 불안을 제대로 터득한 사람은 다른 어떤 불안에 빠지지 않도록 교육을 받은 셈이다. 여기서의 불안은 무한한 가능성이 인간에게 야기하는 현기증이다. 교육의 움직임은 무한성에 의해 측정된다. 그렇다면 개인은 어떻게 가능성으로 교육을 받을 수 있을까? 이에 대해 비길리우스 하우프니엔시스는『불안의 개념』의 마지막 장인 "신앙을 통한 구원인 불안"에서 신앙은 인간을 무한화로 이끄는 것이라고 설명한다. 신앙은 인간을 무한하게 만드는 가능성과 이를 제한하는 유한성이 균형을 이루게 해준다는 것이다. 만일 자신 안의 가능성이 올바르게 작동된다면 모든 유한성을 발견할 것이다. 그런데 만일 개인이 가능성을 속인다면, 그의 신앙은 "유한성의 명민함"[34]이 될 것이다. 유한성의 계략에 빠진다면 그는 모든 것을 잃고 아무것도 가지고 있지 않게 될 무한성의 절망에 빠지게 된다.

무한성과 유한성의 관계 정립은 궁극적인 존재 원인으로써 무한성에 대한 성찰을 전제로 유한성을 거두어 품어야 한다. 유한성으로 무한성을 이해하는 것이 불가능하기 때문이다. 유한성이 다가갈 수 있는 무한성에 대한 이해의 결과가 신이다. 그래서 인간은 유한한 양태일 뿐만 아니라 신의 영원한 부분이라는 인식을 낳게 되는 것이다. 그렇지만 안티-클리마쿠스가 주목하는 "무한성은 신의 속성이 아니라, 인간이 자신에게 주어진 상황을 초월하는 것을 가능하게 하는 실존의

---

33 키에르케고어,『불안의 개념』, 397.
34 키에르케고어,『불안의 개념』, 400.

특성을 의미한다."[35] 그것은 사실 자유의 속성이다. 자유는 실존적 인간에게 자기 자신을 무한하게 만드는 초월성과 연관을 맺는 순간 속에서 무엇인가 선택할 수 있는 가능성이 열리는 것을 말한다.

3. 필연성이 결여된 가능성의 절망

가능성 속에 빠져 자기 자신을 상실하게 되는 방식은 두 가지 종류가 있다. "그 하나는 소망하고 열망하는 형태를 취하고, 다른 하나는 우울-공상(희망/공포 또는 불안)의 형태를 취한다."[36] 소망의 가능성은 필연성 대신에 가능성을 쫓아가기 때문에 자기 자신을 증발하게 한다. 우울은 그 반대가 동일한 방식으로 나타나는데, 우울하게 유혹되어서 불안의 가능성에 빠질 경우 개인은 우울한 마음을 지닌 채 불안을 쫓아간다. 안티-클리마쿠스는 이처럼 개인에게 고유한 자기에게 돌아가야 할 필연성이 결여되어 있는 것을 가능성의 절망이라고 말한다.

아직 현실적으로 존재하지 않고 있는 그 어떤 자기는 자신에게 하나의 가능성이다. 이런 가능성은 상상을 매개로 자신을 되비쳐보는 가정이면서 동시에 본질적인 자기 자신으로 존재해야 하는 과제를 안고 있다. 그런데 이런 가능성의 자기에게 결핍되어 있는 것이 있다. 그것

---

35 Dupré, "Of Time and Eternity," 117.

36 키에르케고어, 『죽음에 이르는 병』, 96.

은 당연히 '현실성'[37]이다. 현실성은 인간 자신이 처한 삶을 그대로 겪을 수 있도록 가능성의 자기를 구체적인 현실의 존재로 이끈다. 그런데 그 어떤 자기가 현실성을 도외시한 채 가능성에서 가능성으로만 움직이는 추상적인 운동에 매몰된다면 탈현실화된 삶에 갇힐 수밖에 없게 된다. 가능성에서 가능성으로의 이행으로만 치닫게 되면 개인 자신은 환상이 되어버려 현실성이 없는 몽상가로 전락될 수 있기 때문이다. 그러나 이런 삶에서 결핍된 것은 사실상 필연성이다. 가능성을 자유롭게 행동하지 못하게 제한하는 것은 필연성이기 때문이다.

키에르케고어는『철학적 단편들』의 "간주곡"[38]에서 "과거는 미래보다 더욱 필연적인가? 혹은 가능한 것은 현실화됨으로써 전보다 더욱

---

37 키에르케고어에게 있어서 현실성은 본래의 실존적 인간이 자기 삶과 마주칠 때 겪게 되는 것이다. 현실성은 다음과 같은 표현들을 통해 잘 이해될 수 있다. "그대는 임종을 맞이하는 인간과도 같다. 그대는 날마다 죽는다. 그러나 보통 이 말에 부여되고 있는 엄숙한 의미에서 그렇다는 것이 아니라, 삶이 현실성을 잃었다는 뜻이다."(키에르케고어,『이것이냐 저것이냐』, 2권, 380). 1910년대 독일의 영화비평가인 크라카우어(S. Kracauer)는『탐정소설 – 하나의 철학적 논고』(1922-22)를 통해 현실이 확인될 수 있는 기준이나 통로가 사라진 '탈 현실화된' 삶을 극복해야 하는 과제를 던져준다. 다분히 키에르케고어로부터 영향 받은 크라카우어는 대중문화 형식에 내재된 '역사적 필연성'을 주목해서 대중사회의 주체가 처한 역사적이고 사회적인 상황을 간접적으로나마 독해할 수 있게 한다. 현대적 주체에게 '현실성' 자체가 경악을 불러일으킬 정도로 멀어진 상황이기 때문에 오늘날 현실성은 눈에 보이지 않는다. 그렇다면 어떻게 보이지 않는 현실성에 다가갈 것인가? 다른 방식의 구성이 필요한 것이다. 이를 위해 크라카우어는 기만적으로 경험된 세계를 반영하는 것이 아니라 그것을 왜곡시킴으로써 자기 자신의 억압된 면을 볼 수 있도록 구성하는 미적 형상화로써『탐정소설』을 제시하고 있다.

38 Kierkegaard, "Supplement," Philosophical Fragments, ed. Howard Hong and Edna Hong (Princeton : Princeton University, 1985), 199. "키에르케고어는「간주곡」이라는 말을 디아프살마타(Diapsalmata)가 70인 역 구약성서에서 사용한 것과 같은 뜻으로 사용하고 있다. 즉, 사고의 전개과정에 있어서의 하나의 휴지점(休止点)이란 뜻으로 사용하고 있다. 그러나 거기에는 끊임없이 흐르는 헤겔의 논리에 대한 아이러니칼한 저항의 뜻을 담고 있다"(키에르케고어,『철학적 조각들』, 황필호 옮김[서울: 집문당, 1998], 208].

필연적으로 되는가?"라는 제목을 내세우며 가능성과 필연성의 관계를 다루고 있다. 아직 존재하지 않고 있는 그런 존재인 하나의 가능성을 존재하고 있는 존재로 이행하는 것을 생성의 변화라고 한다. 생성의 변화는 곧 현실성이다. 키에르케고어에게 생성의 문제가 중요한 이유가 바로 여기에 있다. "생성의 변화는 가능성으로부터 현실성으로의 이행"[39]이기 때문이다. 그런데 생성은 변화하는 어떤 것을 전제로 하는 모든 종류의 변화와는 달리 결코 변화에 속하지 않기 때문에 정의하기 어렵다.

아리스토텔레스는 인간을 무한한 '가능태'를 지닌 존재라고 간주한다. 그는 인간의 '변화 또는 운동'의 근원으로써 영적인 능력을 가능태라고 설명하고 있다. 가능적인 한에서 가능적인 것의 현실태를 일컬어 운동이라고 부른다.[40] 변화란 "가능한 것으로써 가능한 것의 현실화"[41]로 정의된다. 운동 이전에는 가능태였던 것이 변화를 통해 현실태로 생성되기 때문에, "운동은 비존재로부터 존재에로의 현실적인 생성 내지는 변화이다."[42] 이를테면 운동 이전에는 하나의 가능성에 머물러 있었던 것인 비존재가 변화를 통해서 생성된 개체인 '존재한다'로 존재하게 됨을 의미하게 된다. 마치 애벌레가 나비로 탈바꿈할 때 애벌래는 존재하는 비존재가 되듯이, "가능적인 것은 현실화되는 순간에 자신을 무(無)로 보여 준다. 모든 가능한 것은 현실화됨으로써 소멸되

---

39 키에르케고어,『철학적 조각들』, 192.

40 아리스토텔레스, 조대호 옮김,『형이상학 2』, 서울: 나남, 2012, 116.

41 아리스토텔레스,『형이상학 2』, 29.

42 임규정, "『철학적 단편』에서 분석되고 있는 가능성과 필연성에 대한 논리적 고찰: 생성(Werden)에 관하여",「철학연구」17, (1993): 126.

기 때문이다."[43] 가능성이 현실성으로 이행하는 순간에 가능성은 무로 소멸되지만, 그것은 본질적으로는 자기 자신이면서 동시에 타자로 남는다. 현실성이 정립되는 순간에 인간은 자신과 타자와의 차이를 나타내게 되는 것이다. 그렇지만 자신의 변화를 통해서 생성되는 이러한 이중성은 현실이 아닌 차원에서 여전히 현실성과 교섭하며 존재한다.

필연성은 가능성이 개인에게 고유한 자기로부터 멀어지는 추상적인 운동을 못하게 제한하는 것이다. 키에르케고어가 말하는 필연성이란 인간을 제약하고 구속하는 구체적인 자연-사회-정치-문화적인 환경, 성, 종족, 개인적인 경험, 정서적인 안정감, 재능, 관심, 능력, 단점들을 포함하는 환경, 조건, 처지 또는 상황을 말한다.[44] 가능성은 필연성과의 종합을 필요로 하는 개념이기 때문에, 가능성을 결여하게 되면 필연성에 얽매이게 된다. 선행하는 인과관계에 따라 모든 일들은 그전에 일어난 일에 의해 미리 정해져 있다고 생각하는 결정론자, 모든 일이 필연적인 법칙에 따라 일어난다는 운명론자에게는 가능성이 결여되어 있다.

그렇다면 필연성은 생성될 수 있는가? 키에르케고어는 생성될 수 없는 것만이 필연적이며 필연적인 것은 다만 존재할 뿐이라고 생각한다.[45] 이와 같은 필연성에 대한 키에르케고어의 입장은 아리스토텔레

---

43 키에르케고어, 『철학적 조각들』, 193.

44 임규정, "키에르케고어의 자기의 변증법", 철학박사학위논문 (고려대학교, 1991), 17.

45 "필연성은 생성될 수 있는가? 생성은 변화다. 그러나 필연적인 것은 언제나 자신과 관계하며, 언제나 동일한 방식으로 자신과 관계한다. 그러므로 그것은 절대로 변화할 수 없다. 모든 생성은 고통이며, 필연적인 것은 고통당할 수 없으며 현실성의 고통도 당할 수 없다"(키에르케고어, 『철학적 조각들』, 192-93).

스의 견해와 다름을 보여준다. 모든 생성은 필연성에 의해서가 아니라 자유로운 상상을 매개로 일어나기 때문에 필연성과 가능태는 상호 배타적인 성질을 갖게 되기 때문이다.

키에르케고어는 철학자들이 필연성을 가능성과 현실성의 통일이라고 설명할 때 필연성의 개념에 대한 잘못을 범한다고 지적한다. 그런 것이 아니라 "현실성이 가능성과 필연성의 종합"[46]이다. 필연성은 가능태로부터 발생할 수 있는 것이 아니기 때문에 생성될 수 없는 그 무엇이다. 생성은 가능성에서 현실로의 이행을 의미하기 때문에, 우리가 어떤 사람을 비현실적이라고 말할 때 그가 실제로 결여하고 있는 것은 필연성인 것이다. 키에르케고어가 주장하는 생성의 기본적인 성격은 개인의 의지와 결단에 의해 변화하는 것이다.

결정론이나 운명론이 가능성을 결여하고 있는 정신의 절망이라면, 편협한 속물적 부르주아 정신성은 자신이 가능성을 충분히 갖고 있어서 그것을 통제할 수 있다고 생각하는 절망이다. 속물적 부르주아 정신성은 무정신성이다.[47] 무정신성은 일부러 정신을 포기하고 빠져나오는 것이기 때문에 잠복해 있는 불안이 없는 것처럼 느껴진다. 잠복해 있는 불안이야말로 보이지 않는 공포를 불러일으키기 때문에 끔찍하다.

속물적 부르주아 정신성이 항상 그렇듯이, 상상이 없기 때문에 "무슨 일들이 보통 일어나고 있는가와 같은 것에 대한 어떤 사소한 경험

---

46 키에르케고어, 『죽음에 이르는 병』, 94.
47 키에르케고어, 『죽음에 이르는 병』, 102.

의 일람표 속에서 살고 있다."[48] 이런 편협한 삶을 비판하기 위해 니체도 그의 두 번째 저서인 『반시대적 고찰』에서 「교양 있는 속물」[49]에 대해 자주 언급한다. 거기서 니체는 자기 실존에 전혀 관심을 기울이지 않고 오직 잘 사는 것만 추구하는 당시의 문화적 수준에 대해 비판한다. 자기 자신에 의한 어떤 결단도 없는 자기애적인 속물 교양인은 심미적인 삶의 상태를 벗어날 수 없다. 교양 있는 속물은 정신이 부재한 상태에서도 의기양양해 하며 승리를 구가하지만, 자신이 가장 비참하다는 것을 깨닫지 못한 상태에 있다.

어떻게 하면 이러한 상태를 벗어나게 할 수 있을까? 그것은 바로 상상을 통해 인간 자신의 가능성을 열어 보이는 방법을 통해 가능하다. 상상을 매개로 펼쳐지는 무한한 가능성은 본래적인 자기를 되찾을 수 있게 한다. 그렇지만 가능성의 거울은 진실을 말하는 듯 오인하지만 기만적인 모습을 보여주기 때문에 조심스럽게 사용되어야 한다. 그것은 마치 라캉의 거울단계에서의 오류처럼, 주체가 이상화된 거울상의 이미지와 동일시하다가 기만적이고 타자적인 자기를 형성해 고유한 자기를 잃게 되는 경우와 유사하다.

---

48 키에르케고어, 『죽음에 이르는 병』, 102.

49 니체는 『반시대적 고찰』 제1권에서 헤겔학파의 신학자였던 슈트라우스를 교양속물의 대표자로 지목하고 그의 저서 『옛 신앙, 새로운 신앙』을 비판했다. 그는 당시 근대의 주류적 가치가 문화적으로 얼마나 천박한지를 비판했지만, 한편으로는 미래의 가능성을 파악하고자 했다.

5장

자유의 회복인 불안

관계의 변증법의 궁극적인 목적은 불안과 절망에 뒤덮인 자유를 다시 온전히 회복하는 것이다. 불안은 인간이 내재한 질적 모순의 심화로 인해 상실된 자유의 회복을 의미하기 때문에 자유와 분리할 수 없는 관계를 지니기 때문이다. 불안의 개념과 자유와의 관계에서 처음으로 제기되는 문제는 사실 자유 그 자체라기보다는 자유의 가능성이다. 그래서 자유의 가능성에 대한 기대, 그것을 불안이라고 한다.

　『불안의 개념』은 키에르케고어가 실존하는 것 전체를 체계화하려는 헤겔의 논리학을 전복시키기 위한 일환으로 자유의 철학에 관한 자신의 생각을 심리학 분야로 확장시키며 나온 결과이다. 헤겔과 키에르케고어의 논쟁은 자유에 대한 문제에서도 계속되는 것이다. 사변철학의 체계는 개별적 실존을 경시하며 자기의 바깥에 있는 보편적 이성을 지향하기 때문에 인간의 고유한 각자성(各自性)을 실현할 자기의 활동을 필요로 하지 않는다. 그렇지만 키에르케고어에게 있어서 진정한 실존은 인간의 개별적 주관성을 형성하게 한다. 키에르케고어에게 "실존은 기존에 존재하는 본질적인 어떤 것이라기보다는 만들어지고 실현되어야 할 어떤 것이다."[1] 스스로를 실현시킬 수 있는 가능성인 자유의 회복을 통해 개인으로서 체험 자체를 주목하게 하는 심리학의 대상이 키에르케고어에게 불안이다. 불안의 핵심적 토대가 되는 것이 자유이기 때문이다.

한편, 자유의 개념은 다의적 성격을 지니기 때문에 자유에 대한 철학적 반성은 많은 고충을 겪는다. 전통적 관념론과 달리 키에르케고어가 주목하는 자유의 개념은 인간학적이며 존재론적인 것이다. 키에르케고어는 아담이 죄지음을 통해 자유로운 자신이 될 수 있는 가능성을 발견하게 되었다고 주장하며 인간에게 근원적인 불안의 현상과 자유의 가능성에 대한 논의를 끄집어낸다. 그래서 인간중심적으로 기술된『불안의 개념』에서 전통적인 원죄론은 분명히 인간의 자유를 억압하는 교리로 간주될 수밖에 없다. 그렇지만『철학적 단편 후서』에서는 그리스도 신성을 지닌 자기에 이르기 위해서 자기 비움이 필수적이라고 말한다. 죄지음에 따라 인간의 자유가 상실되었다고 해석하기 때문이다. 이러한 문제는 특별히 인간의 구원에 대한 하나님의 은총과 인간의 자유 의지에서 그 역할의 범위를 놓고 첨예하게 대립하였던 신학적이면서도 동시에 철학적인 난점이기도 하다.[2] 키에르케고어의 사상 안에서도 자유의 문제는 모순을 드러내고 대립적 충돌을 드러내는 것이다. 인간학적 의미의 자유는 신학적 사유를 낳는 하나님의 섭리와 서로 양립할 수 없는 것으로 해석되기 때문이다.

---

1 F. Zimmermann, Einführung in die Existenzphilosophie (1977), 이기상 옮김,『실존철학』, 서울: 서광사, 1987, 36에서 재인용.
2 박병준, "자유의 인간학적 의미",『현대 사회와 자유』, 서울: 철학과 현실사, 2001, 67.

1. 자유의 현실성인 가능성

1) 불안 속에서 가능성을 알려주는 자유

키에르케고어가 정의하는 불안은 인간을 자유롭게 한다는 것이며, 이는 곧 불안이 자유의 가능성이라는 것을 나타낸다. 자유의 가능성은 인간에게 새로운 가능성을 창조할 수 있는 자유가 있음을 알려 주는 것이다. 불안 속에서 "자기 스스로를 알리는" 자유의 가능성은 『불안의 개념』에서 끊임없이 반복된다. 금령을 위반하는 순간의 아담은 그것을 어길 수 있는 자유가 있다는 것을 자각하게 된다는 것이다. 그것은 또한 자유에 대한 예감이기도 하다. 비길리우스 하우프니엔시스에 따르면 "자기 스스로를 알리는" 자유에 대한 예감으로써 불안은 심리학에서 다루는 공포의 개념과는 전혀 다르다고 지적한다. 일정한 그무엇을 지칭하는 공포와 달리 불안은 붙잡으려고 하면 사라지는 일종의 무(無)에 불과하기 때문이다. 이런 불안을 『불안의 개념』에서는 "가능성에 대한 가능성으로서의 자유의 현실성"으로 설명한다. 이 구절은 불안으로 시작하고 가능성이란 말을 제시하는 것으로 끝나기 때문에 이해하기가 매우 어렵다. 그렇지만 자유에 대한 예감으로써 불안의 상태는 동물과 인간을 구별지으며 인간의 완전성을 나타내는 개념이기 때문에 중요하다. 비길리우스 하우프니엔시스는 불안 속에서 인간이 자유로워질 가능성을 미리 예견하는 것을 다음과 같이 더 간단히 묘사한다. 자유의 가능성은 불안을 통해서 자신을 알린다.[3] 다시 말하

---

3 키에르케고어, 『불안의 개념』, 226.

면, 자유의 가능성은 불안 속에서 자신을 천명한다는 것이다.

인간은 고유한 자기 자신을 실현시킬 수 있는 가능성과의 대면을 통해 구체적인 개별자로서 자신과 마주하게 된다. 자기는 유한성과 무한성의 종합으로 정립되고 잠재적이므로, 자신이 되기 위해서 자기는 상상을 매개로 자신을 되비쳐 보며 그럼으로써 무한한 가능성이 나타난다.[4] 자기는 가능성 속에 내던져진 존재이면서 동시에 그 가능성을 전개시켜 나가야 하는 존재이다. 순수한 자유의 가능성으로 존재하는 가능성의 자기는 실체로서의 자아가 아닌 그 자신의 고유한 가능성 안으로 자기를 던지는 기투(Entwurf)[5]를 통해 생성되는 것이다. 하이데거의 실존개념에 나오는 개념인 기투는 일상의 삶에서 타인에 의해 영향 받으며 사는 삶으로부터 벗어나 본래적인 자기로 되어야 하는 과제를 실현하기 위해 자기를 내어던지는 것이다.

자기는 자기 자신을 창조해야 하는 과제를 안고 있는 한 가능성의 존재이다. 인간의 존재가 가능성이라면 미지의 가능성 앞에서 느끼는 종잡을 수 없는 기분은 불안이다. 한편으로 이러한 가능성으로서의 자유의 현실성은 "얽매인 자유"[6]이다. 얽매인 자유는 아직 자기가 스스로를 펼치지 못하고 있기에 불안해하는 상태이다. 아담이 금령을 위반할 때 느꼈던 양의적인 이 감정에서 비롯되는 불안은 두렵지만 매혹적일 수 있기 때문이다. 불안이 매혹적일 수 있다는 것은 어떤 한 개

---

4 키에르케고어, 『죽음에 이르는 병』, 93. (임규정의 번역을 일부 수정함).

5 자기를 가능성 안으로 밀치고 들어가는 기획투사(Entwurf)는 하이데거나 사르트르의 실존주의 기본 개념이다. 기획투사는 기획투사 함으로써, 자신을 위하여 가능성을 가능성 앞에 던지며 가능성으로 존재하도록 해준다(하이데거, 『존재와 시간』, 202).

6 키에르케고어, 『불안의 개념』, 173.

인에게 자유의 가능성이 열려 있음을 드러내 주지만, 그 불안을 떨쳐 버릴 수 없다는 것은 아직 인간이 스스로 자유롭게 될 수 있는 상태가 아니라는 것을 의미한다.

우리를 매혹시키며 동시에 두렵게 하는 그 무엇은 가능성이라는 것이다. 불안의 양의성은 아담처럼 어떤 상황을 마주칠 때 자기가 무엇인가를 선택할 수 있는 자유의 가능성을 지닌다는 것이다. 양의성이 유발하는 "애매함은 불안 속의 인간존재가 하나의 방식뿐만이 아니라 또 다른 방식으로도 자기와 관계할 수 있는 그 자신 앞에 놓여 있다는 사실로부터 기인한다."[7] 자기관계와 타자관계를 통해 인간을 하나의 존재로 거듭나게 이끌어주는 힘이 자유인 것이다.

2) 인간적 본성에 선행하는 자유의 의미

자유를 인간의 본성으로 해석하는 것은 서양의 근대철학 이후에 꾸준히 논의되어 온 관점이다. 근대에서는 세계가 인과적 필연성에 의해 지탱되는 것으로 간주되기 때문에, 이러한 필연성이 배재된 인간의 자유에 대한 논의는 있을 수 없었다. 근대철학에 이를 때까지 정립되어 있지 않았던 자유의 문제는 칸트(I. Kant)에 이르러 이론적으로 정당화된다. 칸트 철학에서 인과적 필연성의 법칙은 '순수이성'이 지배하는 범주였지만, 그것의 한계를 제한하고 확보된 '실천이성'은 인간의 자유가 들어설 여지를 마련한다. 이러한 실천이성에 의해 확보된 인간

---

7 Grøn, "Freedom-and Unfreedom," 15.

의 자유에 대한 개념은 피히테(J. G. Fichte)에 의해 더욱 진전되고 헤겔에 의해 한층 심화된다. 그러나 칸트 철학이 순수이성의 필연적인 것과 실천이성의 자유로운 것의 범주를 확립하면서 나타나는 양립적 모순은 자유에 대한 끊임없는 논쟁을 유발한다. 칸트에게 자유는 필연성의 반대말을 의미하는 것이기 때문이다. 사실 이러한 모순은 칸트 철학에서만의 문제가 아니라 헤겔을 포함한 모든 독일 관념론 학파들에서도 나타난다. 헤겔은 그러한 두 가지 영역 사이의 모순을 해결하기 위해 변증법적인 통일을 이끌어내고자 노력한다. 칸트에게 인간은 그 자신의 자연적 필연성에 따라 무제한적 욕망을 충족시키는 것이 아닌 이성적 주체로서 스스로 자신에게 부과한 법칙에 따라 행동하는 한에서 자유로울 수 있는 것이다. 이러한 칸트의 규범에 대한 헤겔의 보완은 우리의 입법능력이 긴 세월 동안 발달되어 오며 사회적 교류와 상호 약속에 새겨져 있다는 점에 이르게 된다.[8] 헤겔에게 자유는 우리의 욕망에 이성적인 형태를 부여함으로써 자기의식을 이성으로 고양되게 하는 것이다. 그런 자유는 세계 속의 상호 관계 안에서 자신의 고유한 행동을 만드는 이성으로 자기가 경험되면서 확대되는 것이다.

이와 같이 칸트와 헤겔에게 자유는 이성과 분리 불가능성의 관계를 맺는 것이다. 반면에 키에르케고어는 "이성과 자유의 확실한 양립 불가능성"[9]을 내세우며 자유의 개념에 대해 강한 이견을 드러낸다. 당시의 철학 전반과 헤겔 철학에서의 자유는 실존적이지 못한 채 관념론

---

8 Anders Moe Rasmussen, "Hegel and Kierkegaard on Freedom," Kierkegaard Studies Yearbook 2011, 76.

9 Rasmussen, "Hegel and Kierkegaard on Freedom," 73.

에 머물고 있을 뿐이라는 것이다. 자유가 자기 관계의 개념과 밀접하게 연결되어 있는 한, 키에르케고어는 근본적으로 다른 관점에서 자유에 접근한다. "이성에 의한 사고방식에 따를 때 자유가 가능함을 안다는 칸트의 인과성 이론과 보편을 실현하는 개체로서의 헤겔의 자아 이론의 특징들과는 달리, 키에르케고어에게 자유는 자신의 삶과 구체적으로 관계하는 특별한 종류의 자기 관계를 수반한다."[10] 칸트는 인과성을 인간 이성을 정립한 선천적인 범주로 보았기 때문에 오직 이성에 의한 도덕법칙에 따를 때 거기서 인간은 자유가 가능함을 안다고 하였다. 그런데 키에르케고어가 강조하는 자유의 특징은 인간적 본성에 선행하는 것이다. 인간은 사유하는 존재로 규정되기 이전에 먼저 존재하고 있기 때문이다. 그렇기 때문에 키에르케고어에게 실존적 자유에 대한 탐구는 인간의 본질에 대한 물음이다.

그런데 실존하는 인간이 대중이라는 추상적 실체에 함몰될 때 실존적 자유는 질식되어 버린다. 그렇기 때문에 개별자가 실존적 자유를 지니기 위해서는 응집된 대중으로부터 자신을 떼어놓을 때의 어떤 감정적인 상처인 불안을 경유할 수밖에 없다. 이런 불안을 거쳐 갈수록 자유는 더욱 새로운 가능성을 잉태한다. 인간적 본성에 선행하는 자유는 가능성이 자기에게 다가오게 만들어 주는 것이기 때문이다. 자기 존재의 의미를 실현하기 위해 주체적으로 선택하는 정신의 운동은 그런 자유에서 비롯된다.

---

10 Rasmussen, "Hegel and Kierkegaard on Freedom," 80.

2. 자유와 필연성의 상보성

자유에 대한 많은 논의에서 자유와 필연성의 양립 가능성에 대한 논쟁은 매우 중요한 부분을 차지한다. 자유와 필연성이 개념적으로 어떻게 충돌하고 있는지에 대한 논쟁은 지금까지도 이어지고 있다. 생성과 소멸을 거듭하며 우주가 진보하다는 자연적 필연성은 자연계 내의 필연적인 법칙이다. 그렇지만 자연적 필연성에 따른 인간의 행동은 스스로 선택한 것이 아니기 때문에 자유와 반대 개념이 된다. 개인의 원초적 기호나 충동적인 욕구에 따른 행동은 진정한 의미에서 자유가 아닌 것이다. 그렇기 때문에 인간의 무제한적인 욕망의 실현 욕구는 자연적 필연성에 따른 것이라 할 수 있다.

키에르케고어에게 자유는 내면화를 이끄는 궁극적인 힘이기 때문에 실존적 자유를 상실하게 하는 결정론과 운명론은 키에르케고어의 사상과 모순적 관계를 형성할 수밖에 없다. 어떠한 현상에는 반드시 선행하는 원인이 있다고 간주하는 철학은 결정론의 입장에 있기 때문이다. 그래서 키에르케고어는 인간의 자유의지와 결정론은 서로 공존할 수 없다고 믿는 양립불가론자(incompatibilist)로 분류된다.

인과관계에 따른 결과로서 결정론적 사고방식은 내면의 자리에 원초적 욕망이나 충동이 들어서게 하여 자기소외를 유발할 수 있다. 자기소외는 자기 이해의 부족 속에서 나타나는 것이지만, 사실 자유를 외면하는 것은 자기 기만이다. 키에르케고어가 『마음의 정결함』에서 말하기를, 자기 기만에 익숙한 사람들은 그것을 숨기기 위해 더욱 기만적인 방식을 찾게 되며 스스로 부자유에 처하게 된다.[11] 자기 기만은 "두 마음을 품는 것"이고, 합쳐질 수 없는 것을 합치려 하는 "내부적으로 분리된 집"[12]이 되는 상태이다. 자기 기만은 자기를 이중화시키면서 자신의 참된 모습을 볼 수 없게 한다. 자기 자신과 아닌 것 사이의 내부 분열로 자기 자신과의 관계가 깨지기 때문이다. 그런데 키에르케고어가 주목하는 '정결한 마음'이란 우리의 자유의지가 오직 하나의 대상만을 추구하고 있는 마음의 상태를 말한다. 이것은 궁극적으로 실존적 인간에게 진정한 내면성은 그리스도의 영적인 본성에 속한다는 것을 의미한다. 키에르케고어에게 '정결한 마음'이란 실존적 인간의 내면적 차원과 신적인 섭리인 절대적 차원이 하나로 얽혀 있는 상태를 지칭하는 것이다. 이런 통합적인 마음의 상태로 내면화를 이끄는 궁극적인 힘은 자유이다. 자유는 인간존재의 근원적 뿌리이고 신을 지향하는 힘이기 때문이다. 그렇기 때문에 '정결한 마음'에서의 자유는 인간의 본성에 선행하는 것일 수밖에 없다. 그것은 자연적 필연성이 그 행위자의 욕망에 이성적 형태를 부여해 얻어지는 자유의지로 전환된 자율(autonomy)로서의 자유와는 다른 그 이전의 것이다.

1) 자유와 필연성의 양립 가능성

인간이 자유로운 존재인가 아니면 필연성에 예속된 존재인가의 문제는 본래 칸트의 이율배반 이론에서 논의되기 시작한 것이다. 칸트는

---

11   D. Z. Phillips, "Self-deception and Freedom in Kierkegaard's Purity of Heart," Kierkegaard and Freedom (Palgrave Publishers, 2000), 167.

12   Phillips, "Self-deception and Freedom in Kierkegaard's Purity of Heart," 157.

자유에 대한 철학적 해석을 본격화한 철학자이다. 칸트는 자유를 필연성의 범주로 인식하며, 이 둘을 양립 가능한 것으로 간주했다. 칸트에게 자유는 자연적 필연성에 대한 인식을 통해 정립되는 인간의 본성과 더불어 파생되는 것이다. 자유와 필연성이라는 모순된 두 개념이 실제적으로 양립할 수 있다는 칸트의 견해는 그의 초기 저술에서도 나타난다. 칸트는 그가 박사논문을 받았던 1755년 「형이상학적 인식의 제1원리」라는 논문의 〈명제 9〉에서 처음으로 양립 가능성에 대한 견해를 드러낸다. 이런 〈명제 9〉에서의 양립 가능성은, 나중에 『순수이성비판』에서의 이율배반의 해소라는 논의로 이어진다.[13] 이성은 사실이나 경험을 넘어서 하나의 원리를 추구하기 때문에 이율배반에 빠진다. 칸트는 이러한 이율배반을 선험적인 것으로 극복하려 한다. 선험적인 것이란 우리가 경험하는 현상적(phenomenal) 실재와 비감각적인 본체적(noumenal) 실재 사이의 간극에서 어느 쪽으로든 환원될 수 없는 제3의 공간이다. 바로 이러한 현상과 본체 사이의 간극에서 출현하는 새로운 차원이 칸트가 말하는 자유의 공간이다. 칸트에 따르면, 우리의 자유는 현상적인 것과 본체적인 것 사이의 공간에서만 존속한다.

셸링의 이론에서도 이율배반에 대한 논의를 찾아볼 수 있다. 셸링은 비록 이율배반을 극복하기 위해 칸트의 방식을 따르지 않을지라도

---

13 칸트의 『형이상학적 인식의 제1원리』에서는 자유와 필연성이 서로 양립할 수 있다는 논의를 다루고 있고, 『순수이성비판』에서는 이율배반의 해소라는 관점으로 양립 가능성을 다룬다. 이와 관련해서는 이남원의 논문을 참조할 것(이남원, "자유, 필연성, 신 – 칸트의 『형이상학적 인식의 제1원리』[1755] 〈명제 9〉", 「철학연구」 111 [2009]: 210-34).

인간의 자유에 대한 문제를 접근하기 위해 인간을 가장 원초적인 입장에 되돌려 놓는 칸트의 선험적인 것을 수용하는 듯하다. 그의 초기 저작들은 칸트와 피히테의 영향을 받아 선험적인 관념론과 같은 노선을 지향하고 있기 때문이다. 그렇지만 자연을 비아(非我)라 간주하여 자아와 대립시켜 놓은 피히테와 달리, 셸링은 객관적 세계로서의 자연을 비아라고 중요시하며 객관적 관념론을 정립한다. 나아가 그는 자아와 비아의 심연에 절대자가 있다고 주장하며, 이른바 '동일성의 철학'을 수립한다. 여기서 절대자는 정신과 자연 또는 자아와 비아의 구별 없는 절대적 동일성으로 간주된다. 셸링에게 이러한 절대자는 무한자이므로 오직 하나뿐인 존재인 것이다. 맥카티(McCarthy)는 이러한 무한자를 모든 가능태의 원천이라고 해석한다. 그렇게 함으로써 모든 가능태의 원천인 신의 어두운 바탕이 자유의 기반임을 증명할 수 있게 된다. 이 주장을 받아들일 때, 셸링이 말하는 무한자로서 신의 어두운 바탕과 키에르케고어가 불안의 개념에서 말하는 무(無)는 평행한 범주이며 유사하게 기능하는 것이 된다.

셸링은 자신의 자유 개념이 다시 전통적인 관념론에 재흡수되는 것을 방지하기 위해 자유가 변증법적으로 필연과 대극의 관계에 있다고 보기를 강력히 부정하였다. 그에게 자유는 필연을 포함하고, 필연은 자유를 포함하게 된다.[14] 감지 불가능한 감각으로 정의되는 셸링의 자

---

14 McCarthy, "Schelling and Kierkegaard on Freedom and Fall," 99. 셸링에게 올바른 철학적 시스템으로 간주될 수 있는 것은 가장 깊은 근원을 토대로 쌓아 올려져 비변증법적 관계를 보여주는 철학에 한정하였다. 이러한 논점에 의해 구축된 자유의 개념에 따라 그의 철학은 전반적인 검토가 필요하게 되었던 것이다. 그러나 셸링은 관념론자들의 예측에서 자유로워지기는 했으나, 관념론자들이 갖는 체계 구축의 야망으로부터 자유로워지지는 못했다. 그는 여전히 '자유의 체계 구축'을 자신의 목표로 삼고 있었다. 그러

유는 신의 어두운 바탕과 같이 가장 깊은 근원을 토대로 파생되는 것이다. 따라서 셸링에게 있어서도 자유와 필연성의 관계는 양립 가능한 것으로 해석할 수 있다.

자유의 토대가 신의 절대적 차원이라는 생각은 키에르케고어의 철학에도 내포되어 있는 것이다. 셸링과 키에르케고어는 인간의 자유에 대한 형이상학적인 배경으로 신성 자유를 공유하는 것이다.[15] 그렇지만 셸링의 후기 사상이 중세적인 신화와 계시관들을 종합해서 독자적으로 발전시킨 종교 철학으로 흐름에 따라 키에르케고어는 이를 비판적으로 바라보게 된다. 이로 인해 자유에 대한 셸링의 관심은 보다 형이상학적이고 신학적이었던 반면, 『불안의 개념』에서처럼 키에르케고어의 관심은 심리학적이고 인류학적인 것에 그 중심을 두기 때문에 자유에 대한 생각은 서로 엇갈린 관점을 지니게 된다. 가령, 원죄에 관한 논의에서도 셸링은 아담의 타락에만 치중할 뿐 그 죄가 어떻게 다른 인류에게 유전되게 되었는지를 설명하지 않는다. 비길리우스 하우프니엔시스의 견해와 다른 셸링의 설명에 따르면, 모든 인류는 아담과 같이 타락하고 아담과 같은 방식으로 똑같은 자유의지를 행한 것이 된다. 자유에 대한 세부적인 관점에서도 셸링과 키에르케고어는 차이점을 보인다. 셸링은 자유가 신에 내재하는 것(Immanemz in Gott)으

나 자유에 대해 그러한 체계를 세우기 위해서는 아직 자유에 대해 부족한 관념과 논리적 필요성을 넘어서는 지식의 형태를 찾아낼 필요가 있었다. 그래서 셸링은 실제화된 자유에 대한 역사적 철학을 찾아냈으며, 이것은 궁극적으로 자유에 대한 철학, 그 중에서도 기독교의 계시가 실제화된 자유의 기록이자 이전에 제시된 모든 문제 해결의 열쇠로 보는 계시에 대한 철학의 형태로 대두되었다(McCarthy, "Schelling and Kierkegaard on Freedom and Fall", 100).

15 McCarthy, "Schelling and Kierkegaard on Freedom and Fall," 108.

로 설명한다. 셸링에 따르면 "신에 내재함과 자유는 결코 상충하는 것이 아니며, 바로 자유로운 것만이 그리고 그것이 자유로운 한에서만 신 속에 있다는 것이다."[16] 인간은 신적 본질에 참여하거나 그것을 내면화함으로써 자유를 획득할 수 있다는 셸링의 견해는 키에르케고어가 종교적 실존에서 말하는 자유에 대한 생각과 유사한 측면이 있다. 그러나 인간을 포함한 모든 사물에는 신성이 깃들여 있다고 간주하는 셸링의 입장은 범신론적 견해를 보이기 때문에 키에르케고어의 자유에 대한 개념과는 분명한 차이를 드러낸다.

2) 필연성과 양립 불가능한 내면적 자유

우리가 내면적인 행위라고 부를 수 있는 것은 철학에서 인간 존재가 내리는 형이상학적 결단과도 같은 것이다. 이런 "내면적인 행위야말로 진정한 자유의 생활"[17]인 것이다. 미셸 코쉬(Michelle Kosch)에 따르면, 키에르케고어에게 자유라는 개념은 내재성(Immanence)의 두 가지 측면인 윤리적 실존과 종교성 A의 관점이 파악하기 실패한 현존하는 주관성(existing subjectivity)의 상황에 대한 특성이라고 주장한다.[18]

---

16 강순전, "셸링의 자유론에서 악과 책임의 문제 : 변신론에 기초한 윤리적 고찰", 「인문학연구」 5 (한국외국어대학교, 2000), 3.

17 키에르케고어, 『이것이냐 저것이냐』, 2권, 338.

18 James Giles, "Freedom and Immanence," 121–22. 미셸 코쉬는 덴마크 코펜하겐대학의 키에르케고어연구센터에서 박사후연구원으로 연구 활동을 수행한 키에르케고어 연구가이다.

그것은 존재의 기층이나 근원의 심연 속에서 각성되어지는 의식의 예감이며 개념화된 것의 이전에 있는 것이다. 그런데 철학은 이것을 자연적 필연성의 규정 밑에서 고찰하고 있기 때문에 내면적인 행위에 관한 한 속수무책이 되는 것이다. 현존하는 주관성은 자유에 대한 논쟁에서 일반적으로 간과되어 온 측면이다. 키에르케고어에게 필연성은 이성의 계략이다. "운명적 필연성에 지배되는 심미적 실존"[19]이나 자유로운 선택을 위한 행동에 윤리적 가치가 내재적 근원으로 작용하는 윤리적 실존 역시 필연성의 범주 밑에서 고찰되는 측면이 있다. 그렇기 때문에 키에르케고어는 우리가 자유로운 선택을 통해 실존한다는 믿음에 대한 회의적 시각을 지닐 필요가 있다고 주장한다. 키에르케고어가 『이것이냐 저것이냐』 제2편에서는 자유와 필연성이 양립 가능하다는 생각을 살짝 드러내기도 하지만, 그런 입장은 1844년 『철학적 단편들』을 발표할 때 단념한 것으로 보인다.

윤리가 B가 언급한 대로, 철학은 역사를 필연성의 범주 밑에서 바라보지, 자유의 범주 밑에선 바라보지 않는다.[20] 특히 헤겔의 철학에서 역사는 보편정신이 표출되는 필연성의 규정 밑에서 고찰된다. 헤겔의 관점에서 역사는 개인의 자유로운 행동의 산물 이상의 것이기 때문에 개인의 행동은 존재 전체를 지탱하고 있는 필연성인 사물의 질서 속으로 들어간다. 그러나 만일 역사가 필연적이라면, "자유 자체는 환상

---

19 심미적 실존가인 A를 내세워 저술한 『이것이냐 저것이냐』 제1편에서 키에르케고어는 고대의 비극에서 조상의 죄가 자손에게 미치는 운명적 필연성을 본다. 고대의 비극에 있어서는, …개인이 자유롭게 활동하고 있다고는 하지만, 그는 여전히 국가나 혈족이나 운명 등의 현실적인 여러 범주 속에 머물러 있다(키에르케고어, 『이것이냐 저것이냐』, 1권, 256).
20 키에르케고어, 『이것이냐 저것이냐』, 2권, 339.

이 되고 생성도 환상이 될 것이다."[21] 키에르케고어에게 있어서 과거의 것을 매개하여 보편정신을 만드는 종합이란 환상에 불과한 것이다. 자기를 벗어나는 보편정신은 개인들에게 자기가 아닌 타인으로 살 수밖에 없는 이중적인 실존(double existence)을 초래하기 때문에 자유와 필연성은 키에르케고어에게 양립 불가능한 것으로 간주될 수밖에 없는 것이다.

역사는 생성된 모든 곳의 장소이다. 역사를 생성이 아닌 필연으로 간주한다면 미래도 필연이 될 수밖에 없을 것이다. 역사를 필연으로 간주한다면 역사는 자유로운 해석을 허용하지 않기 때문에 "모든 것은 다르게 존재할 수도 있다고 시사할 수 있을 반성"[22]은 사라진다. 철학자에게 세계사는 필연적으로 생성된 것이기 때문에 그들에게 삶이란 구체적인 실존이 아닌 이론화된 매개일 수밖에 없다. 철학은 끊임없이 체계를 만드는 생성의 과정에 있기 때문에 매개는 이것이냐 저것이냐 사이에서 대립하지 않고 서로 끌어안아 종합함으로써 상승한다. 그렇지만 자유는 절대적인 선택의 과정에서 배제를 통해 좀더 완전해진다. "사유에 대해서는 대립이란 존속하지 않는다. …자유에 대해서는 대립이라는 것이 존속하는 요소이다. 왜냐하면 자유는 대립을 배제하기 때문이다."[23] 자유는 '이것이냐 저것이냐' 중의 한 측면을 선택함으로써 다른 측면을 제외하게 되므로 모순을 소멸시킨다. 하지만 그것을 가능하게 만들기 위해서는 먼저 차이가 차이로써 드러나야 한

---

21 Kierkegaard, Philosophical Fragments, ed. trans. Howard Hong and Edna Hong (Princeton: Princeton University Press, 1985), 77.

22 키에르케고어, 『이것이냐 저것이냐』, 2권, 339.

23 키에르케고어, 『이것이냐 저것이냐』, 2권, 337. (임춘갑의 번역을 일부 수정함).

다. 행동의 영역에 서 있는 실존가와 관조의 영역에 서 있는 철학자가
도달하는 곳이 같다면 삶은 정지하게 되기 때문이다.

3. 가능성을 실현하는 선택과 자유

불안은 자유의 가능성이지만, 이 가능성은 선택을 통해 실현된다.
의식의 차원에서 산출되는 것이 아닌 인간의 본성에 선행하는 자유
의 가능성은 불안 속에서 우리가 선택할 자유가 있음을 알려주는 어
떤 예감이다. 자유의 가능성이 일깨워질수록 '할 수 있음'의 가능성은
불안의 상위 표현으로 현전(現前)한다. 불안을 만들어내는 그 무엇은
사실상 우리가 우리 자신에게 의존하는 상황과 그러한 이유로 우리가
선택을 해야 하는 상황인 것이다.[24] 선택할 수 있는 어떤 예감에서 순
진무구한 상태의 인간은 자신의 극단적인 지점에까지 이끌려간다. 정
신은 꿈꾸는 상태에서 한 걸음 더 나아가게 되고, 인간은 자신이 어떤
상황 속에 내던져져 있는지 더 많이 생각하게 된다. 키에르케고어는
인간 자신이 스스로 무엇을 할 수 있는지를 전혀 모르고 있다가 무엇
인가 선택할 수 있는 자유를 느끼게 되는 것을 "자유의 현기증"이라
고 한다. 우리는 매순간 새로운 선택을 필요로 한다. 가능성 속에서 자
기 자신과 관계하며 자기 자신을 선택하는 것이 자유이기 때문이다.
이처럼 실존적 자유는 매순간 어느 한쪽을 선택하는 행동을 위해 지

---

24 Grøn, "Freedom-and Unfreedom," 65.

닌 가능성 자체이다.

1) 선택 없이 존재할 수 없는 자유

심미적인 실존은 자기의식적인 자신의 선택에 의해 생성된 삶의 단계가 아니다. 여기서 자아는 아직 자신의 의식적 차원에 완전히 접어들지 못했기 때문에 심미적 실존은 결단하는 자기가 들어서지 못한 직접적 감성의 상태이다. 심미적으로 실존하는 사람들은 이것이냐 저것이냐의 선택 앞에서 자기 관계를 맺지 못하고 이리저리 헤매고 있는 상태에 처해 있는 것이다. "심미적인 선택이란 선택이 없는 것"[25]이기 때문에 심미적인 것 그 자체는 악이 아니라, 선택에 대해 '무관심한 것'이다. 아무런 선택 없이 떠밀려 가는 심미가 A의 삶에게는 미래가 막혀 있기 때문에 그에게 인생은 회상일 뿐이다. 그는 일찍이 인생에서 즐겼던 회상 속의 한 순간에서 그것이 과거라는 성격조차 잃어버린 채 회상의 영원 속으로 들어간다. 윤리적 실존으로 도약하지 못하는 심미적 실존가는 구체적인 삶을 영위하기 위한 실존적 시간의 차원이 없어진 회상의 영원성 속에서 살고 있는 것이다. 여기서 인생에 대한 고찰은 무의미할 뿐이기 때문에 실존적인 삶의 가능성을 확보하기 위해 필요한 실존적 회의는 있을 수 없다. 자기 존재를 탐구하는 것이 실존적 회의인데, 심미적 실존은 자기라는 존재가 없기 때문에 선택할 수 있는 자유가 없는 것이다.

---

25 키에르케고어, 『이것이냐 저것이냐』, 2권, 323.

결혼을 해라. 그러면 그대는 후회를 할 것이다. 결혼을 하지 말라. 그래도 그대는 후회할 것이다. 결혼을 하든 하지 않든, 그대는 후회할 것이다. 세상의 어리석은 일을 보고 울라. 그러면 그대는 후회할 것이다. 세상의 어리석은 일을 보고 웃든 울든, 그대는 후회할 것이다. …어느 쪽을 택해도 그대는 후회할 것이다. 이것이 모든 철학의 총화이고 알맹이다.[26]

인간에게 선택의 자유가 있다고 말하는 것은 자유를 대상화시키는 것이다. 키에르케고어가 거부한 것은 아무렇지 않게 선과 악을 선택하는 능력으로써의 자유의 개념이다.[27] 바로 그런 이유 때문에 심미적 실존에서 선택에 무관심한 것과 대비되는 것은 선택하려는 의지이다. 선택할 가능성을 우리에게 다가오게 만들어주는 것이 자유이기 때문이다. 선택하는 행위는 본질적으로 윤리적인 것의 고유하고 절박한 표현이다. 나의 '이것이냐 저것이냐'는 우선 당장은 선과 악 사이의 선택을 의미하는 것이 아니라, 선과 악을 택하든 아니면 그 둘을 다 배제하는 쪽을 택하든, 하여간 어느 쪽을 택하라는 뜻이다.[28] 윤리적 실존가 B가 언급하는 선택은 "하나와 다른 하나 사이의 선택이라기보다는 한 선택의 선택인 것"[29]이기 때문이다. 일반적인 사람들은 그들이 선과 악 사이의 선택에 직면했을 때 선을 선택하는 것이 바람직하겠지만,

---

26 키에르케고어, 『이것이냐 저것이냐』, 1권, 71.

27 Grøn, "Freedom-and Unfreedom", 74.

28 키에르케고어, 『이것이냐 저것이냐』, 2권, 328.

29 Grøn, "Freedom-and Unfreedom", 67.

실존적 회의를 거치지 않는 한 사실상 무엇이 선인지는 알 수 없다. 이 처럼 키에르케고어의 저작에서 선택은 아주 중요한 의미를 지니고 있는데, 이를 정확하게 말하면 "자유가 선택 없이는 존재할 수 없는 것처럼 보이기 때문이다."[30] 따라서 중요한 것은 선악 사이에서 양자택일하는 선택이 아니라 '선택의 가능성 자체를 선택'하도록 의욕하는 것을 선택하는 것이 중요하다.

2) 선택의지를 선행하는 자유

실존적 개인은 오직 선택함에 의해 자유로워질 수 있다. 그런데 철학에서 말하는 자의적인 선택의 자유는 선한 것과 악한 것 사이에서 중재하고 결정하게 하는 자유선택의 자유(liberum arbitrium)이다. 이것은 근대철학이 유지한 자유로운 선택의 개념이다. 그런데 이런 자유의 개념은 사실상 키에르케고어에게 거부되는 것이다. 키에르케고어는 "나는 자의적인 선택의 자유를 결코 진정한 긍정적인 자유와 혼동하지 않는다"[31]며 자신의 주장을 분명히 한다. 키에르케고어에게 선택의 자유는 인간 정신에서 가장 수수께끼 같은 자유의지에 따른 자유로운 선택이 아니라, 선택의지에 선행하는 자유가 선택하는 것이기 때문이다. 그가 생각하는 긍정적 자유는 "선택하기 위한 능력 또는 자유는 우리가 선택한 것에 의해서 결정되는 것이 아니다. 그러므로 자의적인

---

30 Grøn, "Freedom-and Unfreedom," 72.

31 키에르케고어, 『이것이냐 저것이냐』, 2권, 337. (임춘갑의 해석을 일부 수정함).

선택의 자유는 구체적이지 않은 자유이다."[32] 『불안의 개념』의 두 곳에서 근대철학에서의 자의적인 선택에 대한 개념이 분명히 거부되고 있음을 보여준다.

만일 죄가 어떤 추상적인 자의적 자유의 행위에 의해서 이 세상에 들어왔다면, 이 경우에도 역시 불안은 있을 수 없을 것이다[자의적 자유는 처음에도 또 나중에도 세상에 존재하지 않았다. 왜냐하면 그런 자유는 사유에 대해서는 일종의 골칫거리이기 때문이다].[33]

만일 죄가 즉자적으로 운명을 잉태하고 있는 것과 같은 필연성에 의해서 세상에 들어왔다면 불안은 있을 수 없을 것이다. 또한 근대적 주체를 규정하는 그것과 같이 자유로운 의지에 따라 자신의 행위를 선택하고 결정하는 자의적 선택의 자유에 의해 죄가 세상에 들어왔다면 불안은 있을 수 없을 것이다. '사유에 대해서는 골칫거리'라는 괄호 안의 내용에 자의적인 선택의 개념에 대한 거부가 분명하게 담겨 있듯이, 자유를 규정하려 한다면 지성적 사유는 오류에 빠진다. 키에르케고어에게 자의적 자유는 사유가 만들어낸 망상이기 때문이다.

자유가 선과 악을 선택할 수 있는 자의적 자유[이것은 그 어디에서도 발견되지 않는다. 라이프니츠를 참조하라]로 시작된다고 주장하면 모든 설명은 필연적으로 불가능해진다. 선과 악을 자유의 대상이라고 말하는 것은 선악

---

32 Grøn, "Freedom-and Unfreedom," 73.
33 키에르케고어, 『불안의 개념』, 174.

의 개념과 자유를 유한화하는 것이다].[34]

    자유의 현실적 근거는 구체적 개인이 대립과 모순을 포함하는 실존적인 삶 속에서 찾을 수 있다. 자유는 현실성의 영역이기 때문이다. 자기관계의 운동이 초월성과 연관을 맺는 비연속적이면서 도약하는 순간 속에서 무엇인가 선택할 수 있는 가능성이 열리는 것을 실존적 자유라 한다. 이런 자유는 무에서 나오는 무한한 것이며, 또한 그런 무에서 되튀며 다른 질로 도약하는 이행에서 그 본질이 나타나는 것이다. 예상할 수 없는 도약은 자유에 의해 일어나는 것이다. 이로 인해 우리가 무엇인가를 선택할 때 구체적이지 않은 자유를 가졌다는 사실은 분명해 보인다. 만일 선과 악을 선택해야 하는 순간에, 즉 자유 자체는 선도 악도 아닌 그런 순간에 자유가 주어진다면, 바로 그런 순간에 자유는 자유가 아니라 무의미한 반성일 뿐이다.[35] 자의적 선택의 자유가 선을 선택할 수 있다면 악도 선택할 수 있게 된다. 그렇게 된다면 우리는 자유를 어떤 다른 것으로 간주하게 될지도 모른다. 선과 악의 차이는 자유 안에서만 존재하기 때문에, 선과 악의 차이를 사유의 대상으로 삼아 관념적인 방식으로 이해하려 한다면 자유에 대한 전통적 철학적 해석은 사변적 공론에 불과하게 된다.

---

34 키에르케고어, 『불안의 개념』, 311.
35 키에르케고어, 『불안의 개념』, 310. 원저자의 각주.

4. 불안을 경유한 실존적 자유의 회복

실존적 자유의 회복은 인간이 관계로써의 실존을 통해 진정한 내면성을 지니는 것이다. 그렇지만 자기관계와 타자관계의 실패로 초래되는 실존적 자유의 억압은 자기 자신을 창조적으로 정립하려는 가능성을 부정하고 제한한다. 자유를 억압하는 부자유에 처하면 정신이 제기능을 수행할 수 없기 때문에 시간성과 영원성, 유한성과 무한성, 가능성과 필연성이라는 질적 모순은 극복될 수 없다. 부자유는 진정한 자기를 생성하기 위한 정신의 운동인 관계의 변증법을 약화시키기 때문이다.

부자유는 자기 자신의 내부에서 자신을 폐쇄시킨다. 자기관계를 올바로 실행하지 못한 상태에서 그것을 폭로하지 못하게 하는 자기폐쇄는 악마적인 것이다. 그리고 여기에 실존에 관한 심오한 것, 바로 부자유가 자기 자신을 죄수로 만든다는 사실이 있는 것이다."[36] 악마적인 것은 인간 안의 영원성을 부정하는 유한한 것을 자기 자신을 연관시킨다. 유한성에 사로잡힌 사람은 영원성에 직면할 때 동요하며 어떤 현기증을 느끼기 때문이다. 이런 현기증이 키에르케고어가 설명하는 불안이다.

"어쨌거나 사람들은 영원성을 진지하게 생각하려고 하지 않은 채, 다만 영원성에 대해서 불안해한다. 불안은 수많은 도피를 획책할 수 있다. 그리고 이것이 바로 악마적인 것이다."[37]

---

36 키에르케고어, 『불안의 개념』, 332.

인간은 자신의 부자유스런 상태가 폭로될까 염려하기 때문에 유한성에 자기 스스로를 고정시키려 하는 것이다. 폐쇄성 침묵은 영원성을 추상으로만 파악하게 되기 때문에 자유는 침몰하며, 인간은 불안에 의해 압도되는 것이다. 그래서 "부자유의 토대를 이루고 있는 자유"[38]와 "부자유 속에서 난파한 채 가라앉은 자유"[39]라는 말들은 역설적으로 자유가 부자유의 기초를 구성한다는 것이다. 자유와 부자유는 서로를 가능하게 하는 조건인데, 이 대립을 상대적으로 간주하게 되면 불안은 또 다른 방식으로 드러난다. 무제한적인 자유의 확장은 필연적으로 다른 자유를 속박하게 되기 때문에 악마적인 것은 이에 반발하며 자유를 회피하게 된다. 이로 인해 불안정하고 불안해진 자유는 자기 자신을 증발시키기 때문에 악마적인 것으로 부자유 속에서 난파되는 것이다.

부자유는 자유의 현상이며, 자유가 반드시 부자유를 통해 그 자체를 드러낸다는 사실은 실존적 인간이 여전히 제한된 자유 속에 놓여 있음을 지적한다. 한 개인의 내면에서 자유의 확보가 쉽지 않기 때문에 자기 자신에게서만 자유의 근거를 찾는다면 다시 부자유한 자신을 접하게 될 뿐인 것이다. 부자유는 자기를 억압하는 상태이기 때문에 자기 자신에게 내재한 자유의 가능성을 놓치게 한다. 부자유하게 구속된 "그들은 자기가 없고, 자신을 위해 모든 것을 걸 수 있어도 자기가 없으며 신 앞에서 자기가 없다."[40] 이에 따라 키에르케고어는 오직

---

37 키에르케고어, 『불안의 개념』, 389.

38 키에르케고어, 『불안의 개념』, 332.

39 키에르케고어, 『불안의 개념』, 355.

40 키에르케고어, 『죽음에 이르는 병』, 92.

자기가 신과의 타자관계를 통해야만 진정한 자유에 이를 수 있다고 설명한다. 자기관계에 의한 자유로의 접근은 그 한계에 봉착하기 때문이다. 그래서 인간은 자기 자신을 무(無)로 간주하며 신 앞의 단독자로서 모든 것을 던지는 주체적 결단과 선택을 할 수밖에 없는 상황으로 내몰리는 것이다.

키에르케고어에게 궁극적인 자유의 회복은 종교적 실존으로의 도약을 통해 달성된다. 실존적 인간이 자신의 의지로 신적인 섭리인 절대적인 영원성과 관계를 형성할 수 있는 단계가 종교적 실존이다. 영원성은 자기를 신에게 의지하며 자기를 무한하게 확대시키는 계기이기 때문이다. 키에르케고어에게 "진리란 인간이 정열적으로 자신이 되는 것에 있다."[41] 그런데 신 앞에서 실존한다는 것은 인간이 자신의 바깥으로 나가는 것이기 때문에 그가 자기 자신이 될 수 없다는 것을 의미한다. 신과의 관계맺음을 위한 자기의 소멸은 인간의 의식 속에 영원성이 내재하도록 하는 것이기 때문에 자기를 확대시키는 계기가 된다. 그렇지만 인간 실존의 뿌리로 이끄는 자유와 종교적 실존에서의 자유인 신의 섭리는 충돌할 수 있다. 인간이 영원한 자유를 선택하는 순간 인간의 자유는 비자유가 되기 때문이다. 그렇기 때문에 키에르케고어의 실존적 사상에 나타난 인간의 실존적 자유를 설명하면서 그것을 인간학적 측면과 그리스도교적 측면으로 엄격히 구분하는 것은 불가능해 보인다. 키에르케고어에게 진정한 내면성은 영적인 본성에 속하는 것이기 때문이다. 따라서 인간 존재의 의미의 투명성에 도달하기 위해서는 신 앞의 단독자로서 개인이 처하게 된 부자유를 자유의 한

---

41 Zuidema, Kierkegaard , 17.

현상으로 받아들일 수밖에 없다.

　이제 우리는 신 앞의 '자기소멸'은 자기의 비존재화가 아니라 인간 본성에 선행하는 자유의 회복이라는 의미로 해석해야 한다. 인간의 본성에 선행하는 것으로써 실존적 자유는 자기 자신과 내적인 관계를 맺도록 자신의 내면으로 침잠하여 획득되는 것이다. 진정한 자기의 모습은 자기 내면의 한 중심에 주관적 진리가 있는 상태이기 때문이다. 키에르케고어에게 내면은 곧 신앙을 의미하기 때문에 진정한 자기에게 충실함은 자신의 존재 원형인 신의 진리에 참여함을 의미한다. 그래서 키에르케고어에게 인간적 자유와 신적인 자유는 실존적 자유라는 하나의 교차점에서 만난다. 그것은 신적인 섭리의 필연성을 절대적으로 받아들이는 대신, 그것과 인간적 자유와의 갈등 속에서 신을 열정적으로 체험함으로써 재발견되는 새로운 자아의 성취가 이루어지는 순간이다.

6장

자기 자신에게 잠재된
가능성을 열어주는 '불안'

키에르케고어는 『불안의 개념』을 통해 인간에게 잠재된 불안을 구체화하여 드러내준다. 여기서 논구한 불안은 인간학적 의미의 자유를 탐색한 실험적 심리학이었다. 불안에 대한 성찰은 개인에게 새로운 가능성을 창조할 수 있는 자유를 회복시켜 준다. 자유는 새로운 가능성을 잉태하는 힘이기 때문이다. 현대사회에서 기존의 한계를 뛰어넘으려 전개하는 각종 형태의 혁신이라는 활동도 결국 키에르케고어가 이미 선취하여 다룬 가능성의 불안과 다름없는 것이다.

구체적 존재로서 개인이 가능성에 대한 가능성으로의 미지의 가능성 앞에서 느끼는 '자유의 현기증'이 곧 불안이다. 가능성은 자기 안에서 '확장하는 요인'을 예감하여 자기를 제약하는 부자유의 상태를 극복하도록 한다. 그렇기 때문에 현대적 의미에서 불안은 새로운 혁신이나 창의성과 밀접한 관련이 있으면서 동시에 새로운 가능성을 잉태하는 자유와의 상관관계를 통해 인간의 원천성을 세밀하게 고찰할 수 있는 개념이다.

그런데 불안은 "공감적인 반감이며 반감적 공감"이라는 양의적인 의미를 지닌다. 자유는 새로운 가능성을 잉태하지만 '얽매인 자유'의 상태에 처하면 불안은 가능성을 열어 펼치지 못하고 닫혀버리게 할 수 있다. 부자유에 얽매인 자유는 자신의 내부에서 자신을 폐쇄시키기 때문에 스스로를 펼치지 못하고 있기에 불안해하는 상태이다. 불안정하고 불안해진 자유는 자기 자신을 증발시키기 때문에 심미적 실존과 윤리적 실존이 얼마나 불안정한 실존의 상황인가를 역설적으로 드러내주기도 한다. 그래서 '관계로써의 실존'이 강조하는 관계의 변증법을 통해 부자유에 결박된 자유를 회복시켜야 한다.

인문학에 대한 관심이 고조되고 있는 현대사회에서 키에르케고어에게 강연을 주문한다면 그가 무슨 주제를 다룰지는 명약관화하다. 키에르케고어는 무엇보다 '자기 자신과의 관계'를 촉구하는 '불안'을 강조할 것이다. 물신주의적 자아성취라는 만족감을 성취하기 위해 분투하는 현대인들에게 자기 바깥에 있는 외적인 대상을 추구하는 욕망의 원리가 그들의 삶을 지배하고 있기 때문이다. '자기 자신과 관계하는 관계'란 '나는 누구인가?'를 진지하게 자기 자신에게 묻는 과정을 통해 가능하다. 자기 자신과 관계하지 않는 관계는 불안을 야기하기 때문이다. 이처럼 키에르케고어는 인간의 본질을 '관계'로 정의하며 내면성을 실존의 근거로 내세운다.

키에르케고어는 『죽음에 이르는 병』에서 이런 '관계로써의 실존'을 더욱 심화시켜 설명한다. 인간은 무한한 것과 유한한 것의, 시간적인 것과 영원한 것의, 자유와 필연의 종합이며, 간단히 말해서 종합이다. 인간은 내면적으로 상호 대립적인 것을 끌어안는 종합이라는 관계를 통해 자기를 형성한다는 것이다. 그러나 잘못된 관계는 불안을 강화시켜 절망을 초래한다. 절망은 내면에서 자신의 참된 본성을 찾지 못하게 하는 정신의 죽음 상태이다.

키에르케고어는 절망을 벗어나도록 자기는 "자기 자신과 관계하는 동시에 타자와도 관계하는 관계"를 지녀야 한다고 강조한다. 그는 인간의 내면성을 '자기 관계로써의 실존'으로 파악하지만, 그것의 궁극적인 의미는 종교적 실존에서 구하기 때문이다. 키에르케고어에게 인간의 내면적 차원과 신적인 섭리인 절대적 차원은 복잡하게 얽혀 있는 것이다. 사실 키에르케고어의 전체 저작들은 인간적 차원에서 신의 절대적 차원으로 나아가고자 하는 시도들이 담겨 있다. 그에게 진정한 내면성은 그리스도의 영적(靈的)인 본성에 속하는 것이기 때문이다. 그러나, 신학적이고 철학적인 전통을 후퇴한 지적 전통으로 인식하는 경향을 지닌 현대에서는 신으로부터의 해방을 인간자유에 한 발짝 더 다가가는 것으로 여긴다. 이런 추정의 대가로, 모든 실존의 문제는 아마 더욱 더 의심의 소용돌이에 휘말리며 수수께끼로 변할 것이다.[1] 그래서 인간은 자기 자신 안에 스스로 해결할 수 없는 어떤 정신의 사각지대가 있다는 것을 인정해야 한다. 우리는 일찍이 현대성을 형성하는 가운데 영혼의 침체 현상을 겪었다. 영혼의 침체 현상은 신의 권위에 대한 반란의 성격을 내포하고 있는 것이다. 따라서 신에 대한 바른 정립 없이는 실존적 인간의 삶과 자유에 대해 더 이상 설명할 수 없을 것이다. 신의 빈 자리는 현대사회에서 실존적 인간 개념과 자유의 상실이라는 심각한 문제를 야기하고 있는 것이다.

그런데 인간이 신과의 관계 속에서 자각되는 것이 죄라는 현상이

---

1 C. Stephen Evans, "Why Kierkegaard Still Matters and Matters to Me", Kierkegaard Studies Yearbook 2010, 29.

다. 죄라는 현상은 근원적으로 신과 인간과의 어긋난 관계로 인해 인간의 삶에 파고들어온 것이기 때문이다. 전통적인 기독교 신학에 따르면 죄지음으로 인한 타락은 인간을 자기몰락 속에 있는 상태로 해석한다. 원죄설을 정립한 아우구스티누스 이후 인간의 타락은 신이 주신 자유의지를 왜곡하는 데서 비롯된다. 인간에게 온갖 부정적 감정을 야기하는 악의 근본은 여기에서 나온다는 것이다. 죄라는 현상은 신학적 탐구의 테두리에서 벗어나지 못하게 된 것이다. 그러나 키에르케고어는 인간의 자유 의지에 따른 행동을 원초적 타락의 근원으로 가정하는 아우구스티누스가 정립한 교리는 인간의 실존적 사유를 향해 있지 않다고 비판한다.

원죄에 대한 전통적 인식은 죄의 본질에 대한 철학적이고 인간학적 질문을 하찮게 만들어 버렸다. 그래서 키에르케고어는 원죄의 재해석을 통해 인간이 스스로 자아를 실현할 수 있는 존재로서 개개인의 의지와 선택의 중요성을 강조하게 된다. 역설적으로 죄는 자기이해의 가능성을 열어주는 것이다. 인간은 자유로운 의지를 수반하는 죄의 가능성을 지닌 존재이기 때문이다. 키에르케고어는 인간의 자유 선택의 결과로써 죄의 현상에 주목하고 인간의 실존적 상황인 불안이라는 심리적 기분을 이끌어내는 것이다.

키에르케고어는 이러한 불안을 분석하기 위해 인간이 정신으로써 자아를 각성할 때 들어오게 되는 죄의 현상을 주목하고 그것을 인간학적으로 해석한다. 키에르케고어가 말하는 인간의 죄지음은 우연적이고 돌발적인 삶의 계기인 질적 도약과 더불어서 나타나는 것이다. 죄지음은 인간이 무엇인가 스스로 선택할 수 있는 자유에 의해 야기되는 것이기 때문이다. 이로 인해 인간의 자기의식은 완결된 그 어떤 것이 아니라 중단 없는 생성의 과정에 있는 것이기 때문에 죄는 '자꾸 되풀이해서' 나타나는 현상일 수밖에 없다. 그런데 키에르케고어에 의한 죄의 해석은 인간학적 관점과 교의학적 관점이 모순적으로 공존하고 있는 듯하다. 인간 실존의 문제를 다루면서 질적 도약으로 설명할 수 없는 부분을 기독교 사상과 연관된 역설로 해명하고 있기 때문이다. 이런 문제는 그의 실존사상을 영성주의로 집중하게 하는 위험을 지닌다. 그렇지만 키에르케고어는 『불안의 개념』에서 교의학이 아닌 심리학적 관점을 통해 불안이라는 심리적 기분을 이끌어낸다.

영혼보다 육체를 강조하는 현대사회의 경향은 정신적인 쇠락을 가속화시킨다. 본래 정신은 영혼과 육체를 관계시키며 자기 자신으로 실존하게 하는 것이다. 그러나 현대의 물질문명은 이상의 몰락을 가속화시키며 인간에 대한 본질적 사유가 그 의미를 상실한 것처럼 비쳐지게 한다. 이런 이유로 현대는 키에르케고어의 시대보다 더욱 심미적 실존에 치우치게 되는지도 모른다. 심미적 실존으로 사는 현대인들의 관심은 온통 자기 바깥으로 향하기 때문에 현대인들은 자기 내면의 목소리에 귀 기울이는 것에 익숙하지 않게 된다. 이로 인한 내면의 빈자리는 원초적 기호와 욕망으로 가득 채워질 수밖에 없다. 그래서 현대의 연구자들은 『이것이냐 저것이냐』에서 논구되는 심미적 실존단계를 감각주의적 삶을 지향하는 현대 문화에 적용하여 미학적으로 해석하는 경향을 보여주고 있다.

불안의 개념을 통해 인간이 스스로의 내면성을 회복하고자 하는 것은 현대 인간학의 과제이면서 동시에 종교에 미뤄 놓은 과제이기도 하다. 인간은 진정한 내면성을 획득하기 위해 부단히 자신을 넘어서고자 하는데, 그것은 자유를 근거로 하는 초월을 통해 가능하다. 그래서 인간학적 의미의 자유를 고찰하는 철학의 역사 안에서 종교적이고 신학적 사유가 낳는 자유와의 양립 가능성에 대한 문제는 여전히 철학적 난제이다. 신의 섭리를 인간학적 의미의 자유의 뿌리로 간주하는 신학적 해석에 의한 지나친 영성주의는 인간을 비자유의 상태에 처하게 할 수도 있기 때문이다. 그래서 신만을 참된 실재로 인식하게 하는 신 앞의 '자기 비움'(annihilation)이라는 개념은 비본래적이며 거짓된 자아를 버리라는 의미를 지니고 있지만, 동시에 그것은 인간학적 의미의 자유를 위축시키는 것으로 해석될 수 있다. 인간이 신만을 참된 실재로 받아들이면서 강화되는 자기의식은 그것이 더 높은 단계로 접어들수록 죄에 대한 두 가지 관점은 대립되거나 중첩될 수밖에 없기 때문이다.

자유의 개념에 대한 이런 대립을 피하기 위해서는 실존적 인간이 스스로 자유를 다 파악할 수 있다는 인식을 버려야 한다. 인간학적 의미의 자유가 다 지배할 수 없는 불투명한 지점에서 부정할 수 없는 최종적 존재의 우연성이 있음을 받아들여야 하는 것이다. 살아 있는 역사가 이해할 수 없는 사건들을 받아들이는 것은 우연성의 상태로써 신이 있음을 인정하는 것이다. 이런 관점을 유지할 때, 우리는 인간의 실존적 자유를 설명하면서 그것의 인간학적 측면과 그리스도교적 측면을 엄격히 구분하는 것보다 인간과 신이 어떤 과정을 통해 무한하면서도 영원한 관계를 맺을 수 있는가의 문제로 접근해야 할 것이다. 그래서 키에르케고어가 발표한 저작 전체에서도 불안과 자유에 대한 인간학적 탐색은 그리스도교에 관한 교화적 강화를 위한 저작들과 상보적인 관계를 형성한다.

그러나 유감스럽게도 19세기의 키에르케고어에 의한 인간에 대한 성찰은 20세기 초중기의 개념들로는 매력을 지닐 수 있지만 신학적이고 철학적인 전통을 후퇴한 지적 전통으로 인식하는 경향을 지닌 현대에서는 구식으로 비춰질 수도 있다. 게다가 현대인들은 우리가 인식하는 기독교 교리의 원죄를 역사적 사실 그 자체라고 생각하지 않는 측면을 갖기도 한다. 신의 빈 자리는 현대사회에서 실존적 인간 개념과 실존적 자유의 상실이라는 이중의 심각한 문제를 야기하고 있다. 그럼에도 불구하고, 최소한 우리가 경악스러운 실존의 상태에 처해 있다는 인간의 상태에 대한 진단을 포함하는 키에르케고어의 실존적 불안에 대한 심오한 해석은 두 세기가 지난 지금에도 논구할 최고의 가치를 지닌다. 키에르케고어는 실존적 개인성을 상실하게 만드는 일체의 시도에 맞서는 철학을 통해 새롭게 인간 주체를 인식할 수 있도록 물꼬를 튼 사상가이기 때문이다.

참고문헌

1. 키에르케고어 1차 문헌

1.1 영문판

Either/Or. Vol 1. Trans. Walter Lowrie. Princeton: Princeton University Press, 1959.

Either/Or. Vol 2. Trans. Walter Lowrie. Princeton: Princeton University Press, 1959.

The Concept of Anxiety. Reidar Thomte & Albert B. Anderson. Princeton University Press, 1959.

The Concept of Irony. Hong, Howard V. And Edna Kierkegaard. Princeton: Princeton University Press, 1989.

The Sickness Unto Death. Princeton: Princeton University Press, 1980.

Concluding Unscientific Postscript. Trans. David F. Swenson and Walter Lowrie. Princeton: Princeton Univ. Press, 1968.

Christian Discourse. Trans. Walter Lowrie. Princeton: Princeton University Press, 1971.

"Supplement". Philosophical Fragments. Ed. Trans. Howard Hong and Edna Hong. Princeton: Princeton University, 1985.

The Point of View for My Work as an Author. Harper Torch books, 1962.

1.2 독일어판

Entweder/Oder. Teil I und II (1843). Dtv, 2000.

Der Begriff Angst (1844). Marix Verlag, 2005.

Die Krankheit zum Tode (1849). Marix Verlag, 2005.

1.3 한글판

『이것이냐 저것이냐』. 1권, 임춘갑 옮김. 서울: 다산글방, 2008.

『이것이냐 저것이냐』. 2부, 임춘갑 옮김. 서울: 다산글방, 2008.

『불안의 개념』. 임규정 옮김. 서울: 한길사, 1999.

『죽음에 이르는 병』. 임규정 옮김. 서울: 한길사, 2007.

『공포와 전율/반복』. 임춘갑 옮김. 서울: 다산글방, 2007.

『사랑의 역사』. 임춘갑 옮김. 서울: 다산글방, 2005.

『철학의 부스러기』. 표재명 옮김. 서울: 프리칭 아카데미, 2007.

『철학적 조각들』. 황필호 옮김. 서울: 집문당, 1998.

『직접적이며 에로틱한 단계들 또는 음악적이고 에로틱한 것』. 임규정 옮김. 서울: 지식을 만드는 지식, 2009.

2. 키에르케고어 2차 문헌 및 논문

Barrett, Lee. "Kierkegaard's Anxiety and the Augustinian Doctrine of Original Sin." International Kierkegaard Commentary: The Concept of Anxiety. ed. Robert L. Perkins, Mercer Univ. Press, 1985.

Cappelørn, Niels Jørgen & Deuser Hermann Eds. Kierkegaard Studies Yearbook 2001. Walter de Gruyter, 2001.

Kierkegaard Studies Yearbook 2008. Walter de Gruyter, 2008.

_____ . "Kierkegaard's Concept of Irony." Kierkegaard Studies Yearbook 2009,

Walter de Gruyter, 2009.

_____ . "Kierkegaard's Late Writings." Kierkegaard Studies Yearbook 2010, Walter de Gruyter, 2010.

Schulz, Heiko. Jon Stewart & Karl Verstrynge (Editor). Kierkegaard Studies Yearbook 2011. Walter de Gruyter, 2011.

Schulz Heiko, Jon Stewart & Karl Verstrynge (Editor). Kierkegaard Studies Yearbook 2012. Walter de Gruyter, 2012.

Collins, James Daniel. The Mind of Kierkegaard. Henry Regnery Company: First Edition, 1953.

Come, Arnold B. Trendelenburg's Influence on Kierkegaard's Modal Categories. Montreal: Inter Editions, 1991.

Dupré, Louis. "Of Time and Eternity." International Kierkegaard Commentary: The Concept of Anxiety. Ed. Robert L. Perkins, Mercer Univ. Press, 1985.

Evans, C. Stephen. "Why Kierkegaard still matters and matters to me." Kierkegaard Studies Yearbook. Walter de Gruyter, 2010.

Ferguson, Harvie. "Søren Kierkegaard's Religious Psychology," Melancholy and the Critique of Modernity. London: Routledge, 1995.

Giles, James. Kierkegaard and Freedom. Palgrave, 2000.

Giles, James. "Freedom and Immanence." Kierkegaard and Freedom. Palgrave, 2000.

Grøn, Arne. The Concept of Anxiety in Søren Kierkegaard. Mercer Univ. Press, 2008.

Grøn, Arne. "Anxiety." The Concept of Anxiety in Søren Kierkegaard. Mercer Univ. Press, 2008.

Grøn, Arne. "Faith." The Concept of Anxiety in Søren Kierkegaard. Mercer Univ. Press, 2008.

Grøn, Arne. "Freedom-and Unfreedom." The Concept of Anxiety in Søren Kierkegaard. Mercer Univ. Press, 2008.

Grøn, Arne. "Spirit and Temporality in The Concept of Anxiety." Kierkegaard Studies Yearbook 2001. Walter de Gruyter, 2001.

Grøn, Arne. "The Ethical." The Concept of Anxiety in Søren Kierkegaard. Mercer Univ. Press, 2008.

Hall, Ronald L. "Language and Freedom: Kierkegaard's Analysis of the Demonic." International Kierkegaard Commentary: The Concept of Anxiety. Ed. Robert L. Perkins. Mercer Univ. Press, 1985.

Hannay, Alastair. Kierkegaard, A Biography. Cambridge: Cambridge University Press, 2001.

Joseph, Smith. Kierkegaard's Truth : The Disclosure of the Self. New Haven: Yale University Press, 1981.

Llevadot, Laura. "Repetition and Recollection in On the Concept Of Irony." Kierkegaard Studies Yearbook 2009. Walter de Gruyter, 2009.

McCarthy, Vincent A. "Schelling and Kierkegaard on Freedom and Fall." International Kierkegaard Commentary: The Concept of Anxiety. Ed. Robert L. Perkins. Mercer University Press, 1985.

McCarthy, Vincent A. "The Case of Aesthete A in Either/Or." Kierkegaard Studies Yearbook 2008. Walter de Gruyter, 2008.

Muench, Paul. "Socratic Irony, Plato's Apology, and Kierkegaard's On the Concept of Irony." Kierkegaard Studies Yearbook 2009. Walter de Gruyter, 2009.

Mullen, John. Kierkegaard's Philosophy: Self Deception and Cowardice in the Present Age. University Press of America, 1995.

Nordentoft, Kresten. Kierkegaard's Psychology. Trans. Bruce Kirmmse. Pittsburgh: Duquesne University Press, 1978.

Perkins, Robert L. (Editor). International Kierkegaard Commentary: The Concept of Anxiety. Mercer Univ. Press, 1985.

Perkins, Robert L. Søren Kierkegaard. John Knox Press, 1969.

Phillips, D. Z. "Self-deception and Freedom in Kierkegaard's Purity of Heart."

Kierkegaard and Freedom. Palgrave Publishers, 2000.

Puchniak, Robert B. "Kierkegaard's Self and Augustine's Influence." Kierkegaard Studies Yearbook. Walter de Gruyter, 2011.

Rasmussen, Anders Moe. "Hegel and Kierkegaard on Freedom." Kierkegaard Studies Yearbook 2011. Walter de Gruyter, 2011.

Roberts, Robert C. "The Socratic Knowledge of God." International Kierkegaard Commentary. Mercer Univ. Press, 1985.

SløK, Camilla. "Don Giovanni as the Re-entry of the Spirit in the Flesh." Kierkegaard Studies Yearbook 2008. Walter de Gruyter, 2008.

Taylor, Mark C. Kierkegaard's Pseudonymous Authorship: A Study of Time and the Self. Princeton: Princeton University Press, 1975.

Verstrynge, Karl. "'Anxiety as Innocence': between Vigilius Haufniensis and Anti-Climacus." Kierkegaard Studies Yearbook 2001. Walter de Gruyter, 2001.

Zuidema, S. U. Kierkegaard. Grand Rapids: Baker Book House, 1960.

3. 국내자료

3.1 국내 단행본 및 번역본

김종두. 『키에르케고어의 실존사상과 현대인의 자아이해』. 엠-애드, 2002.

가라타니 고진. 『탐구2』. 권기돈 옮김. 새물결, 1998.

질 들뢰즈(Gilles Deleuze). 김상환 옮김. 『차이와 반복』, 민음사, 2004.

패트릭 가드너(P. Gardiner). 임규정 옮김. 『키에르케고어』, 시공사, 2001.

라르스 스벤젠(Lars Fr. H. Svendsen). 도복선 옮김. 『지루함의 철학』, 서해문집, 2005.

칼 라너(Karl Rahner). 이봉우 옮김. 『그리스도교 신앙 입문』, 분도출판사, 1994.

마르틴 하이데거. 이기상 옮김.『존재와 시간』. 살림, 2006.

발터 벤야민. 조형준 옮김.『방법으로서의 유토피아』. 새물결, 2008.

발터 슐츠. 이정복 옮김.『철학자의 神』. 사랑의 학교, 1995.

샤를 르 블랑. 이창실 옮김.『키에르케고어』. 동문선, 1988.

셸링. 최신한 옮김.『인간적 자유의 본질 외』. 한길사, 2000.

스피노자. 강영계 옮김.『에티카』, 서광사, 1990.

손봉호.『칸트와 형이상학』. 민음사, 1995.

쇼펜하우어. 곽복록 옮김.『의지와 표상으로서의 세계』. 을유문화사, 1990.

아리스토텔레스. 조대호 옮김.『형이상학 2』. 나남, 2012.

아우구스티누스(St. Augustine). 성염 옮김.『자유의지론』(De libero arbitrio). 분
　　도출판사, 1998.

일레인 페이걸스(Elaine Pagels). 류경석 · 장혜정 옮김.『아담, 이브, 뱀』. 아우라,
　　2009.

최신한.『정신현상학』. 살림, 2007.

키에르케고어.『영원, 그걸 꿈꿀 권리』. 청하, 1989.

파스칼. 권응호 옮김.『팡세』. 홍신문화사, 1988.

＿＿＿ . 권형길 옮김.『팡세』. 서울대학교출판부, 2005.

폴 웰스(Paul Wells). 손희정 옮김.『호러영화』. 커뮤니케이션북스, 2011.

플라톤. 이상인 옮김.『메논』. 정암학당 플라톤 전집, 2007.

＿＿＿ . 박종현 · 김영균 공동 번역.『플라톤의 티마이오스』. 서광사, 2000.

＿＿＿ . 강철웅 옮김.『향연』. 정암학당 플라톤 전집, 2010.

한국 키에르케고어 학회.『다시 읽는 키에르케고어』. 철학과 현실사, 2003.

헤겔. 임석진 옮김.『정신현상학』. 한길사, 2009.

＿＿＿ . 임석진 옮김.『대논리학』제2권. 지학사, 1997.

3.2 국내 연구논문

강순전. "셸링의 자유론에서 악과 책임의 문제 : 변신론에 기초한 윤리적 고찰". 「한국외국어대학교 인문학연구」 5 (2000): 1-13.

강학철. "칸트적 이율배반과 케아케고아적 역설". 서울대학교 석사논문, 1964.

김용일. "키아케고아에 있어서 자기이해의 학으로서 실존변증법". 계명대학교 박사논문, 1998.

박병준. "키르케고르의 '죄(성)'의 개념에 대한 인간학적 해석". 「한국철학회」 93 (2007): 159-84.

박병준. "자유의 인간학적 의미.『현대 사회와 자유』". 「철학과 현실사」, 2001.

이남원. "자유, 필연성, 신 – 칸트의『형이상학적 인식의 제1원리』(1755) 〈명제 9〉". 「철학연구」 111 (대한철학회, 2009); 209-236.

이명곤. "중세철학에서 내면성의 의미". 「한국중세철학회」 (2009): 1-42.

임규정. "인간의 존재론적 상실을 의미하는 불안의 개념".『불안의 개념』. 서울: 한길사, 2002.

임규정. "『철학적 단편』에서 분석되고 있는 가능성과 필연성에 대한 논리적 고찰: 생성(Werden)에 관하여". 「철학연구」. 17. (1993): 123-45.

_____ . "키에르케고어의 자기의 변증법". 철학박사학위논문(고려대학교, 1991).

유영소. "키에르케고어의 세 가지 실존 유형 속에 나타난 '에로스적인 것(das Erotische)' 연구". 미학박사논문 (홍익대학교, 2012).

최신한. "헤겔과 트렌델렌부르크". 「철학」 71 (한국철학회, 2002): 75-100.

하선규. "예술과 문화: 칸트, Fr. 슐레겔, 키에르케고어, 니체를 돌이켜보며". 「조선대학교 인문학연구」 39 (2010): 7-54.

_____ . "키에르케고어 철학에 있어 심미적 실존과 예술의 의미에 관한 연구". 「한국키에르케고어학회」, (2013).

홍준기. "불안과 그 대상에 관한 연구: 프로이트 · 라캉의 정신분석학과 키에르케고어의 비교를 중심으로". 「철학과 현상학 연구」 17 (2001): 234-67.

4. 기타 해외 단행본 및 논문

Aristotle, Physica, Book IV. Page reference are to: The Works of Aristotle Translated Into English. Trans. R. P. Hardie and R. K. Gaye. Oxford: The Clarendon Press, 1970.

Augustine. Confessions. Translated by Henry Chadwick. Oxford: Oxford University Press, 1998.

Burnyeat Myles F. "Socratic Midwifery, Platonic Inspiration." Essays on the The Philosophy of Socrates. Ed. Hugh H. Benson. Oxford University Press, 1992.

Dupré Louis. A Dubious Heritage: Studies in the Philosophy of Religion after Kant. Paulist Press, 1977.

Fink Bruce. The Lacanian Subject: Between Language and Jouissance. Princeton: Princeton Univ. Press, 1995.

Feliciano P. "Varas: Anmerkungen zum Schicksal des Don Juan in Deutschland" in Brigitte Wittmann (Hg.): Don Juan. Wege der Forschung, (Darmstadt 1976), S. 241. 김성곤, "모차르트의 돈 조반니와 호프만의 돈 후안". 「한국독어독문학교육학회」 (2010): 151-75.

Jacques Lacan. Écrits: A Selection. Trans. Alan Sheridan, NY: W. W. Norton, 1977.

Jacques Lacan. "The Ethics of Psychoanalysis, 1959-1960." The Seminar of Jacques Lacan. Book VII. Jacques Alain-Miller(Editor), Dennis Porter (Translator). Norton & Company, 1992.

Jacques Lacan. "Anxiety, 1962-1963." The Seminar of Jacques Lacan. Book X. Translated by Cormac Gallagher from Unedited French Manuscripts.

Poole Roger. Kierkegaard's Indirect Communication. Charlottesville, Virginia Press, 1933.

Sigmund Freud. Beyond the Pleasure Principle (1920). Trans. James Strachey. New York, 1961.

Theodor, W. Adorno. Kierkegaard: Construction of the Aesthetic. University of

Minnesota Press, 1933.

Williams, Robert R. Recognition: Fichte and Hegel on the Other. NY: State University of NY Press, 1992.

Yaroslav, Senyshyn, "Kierkegaard's Aesthetic Stage of Existence and Its Relation to Live Musical Performance." Philosophy of Music Education Review, (1996): 50-63.

Ziolkowski, Eric J. "Kierkegaard's Concept of the Aesthetic: A Semantic Leap from Baumgarten." Literature and Theology 6, 1992.

불안, 키에르케고어의 실험적 심리학

초판 1쇄 인쇄 2015년 1월 23일
초판 1쇄 발행 2015년 1월 30일

지 은 이　안상혁
펴 낸 이　정규상
펴 낸 곳　성균관대학교 출판부
출판부장　안대회
편　　집　신철호 · 현상철 · 구남희
마 케 팅　박인봉 · 박정수
관　　리　박종상 · 김지현
등　　록　1975년 5월 21일 제1975-9호
주　　소　서울특별시 종로구 성균관로 25-2
대표전화　02) 760-1252~4
팩시밀리　02) 762-7452
홈페이지　press.skkup.edu

ISBN 978-89-7986-095-8　93160

잘못된 책은 구입한 곳에서 교환해드립니다.